열두
물맷돌

KB191552

영적 전쟁에 승리하기 위한

열 두 물 맷 돌

열영적 전쟁에 승리하기 위한 무기:
열두 물맷돌

　　　　　　　"물맷돌"은 이스라엘의 목동들이 사용했던 양들을 사나운 짐승(사자, 곰, 이리 등)으로 부터 지킬 때 사용했던 원시적이지만 효과적인 무기였습니다. 또한 이스라엘과 모압의 전쟁시에 물맷돌을 전투용 무기로 사용하는 물매꾼 부대가 적들을 소탕한 이야기가 나옵니다(왕하 3:25). 목동 다윗은 아직 전쟁터에 나갈 나이가 아니었습니다. 허나 그는 아버지가 맡기신 양들을 잘 지키기 위해 평소에 열심히 물맷돌 던지기 훈련을 해 온 듯합니다. 물맷돌로 양떼를 삼키려는 사나운 맹수들을 여러 번 때려 잡은 경험을 사울왕에게 고백하는 것을 보면 다윗은 분명히 물맷돌 던지기의 달인이었던 것 같습니다(삼상 17:33-36).

　　사울왕이 하나님의 마음에 합한 초심을 지키지 못하고 반복해서 불순종하는 죄를 짓습니다. 모든 세상 권세를 그 뜻대로 주관하시는 만왕의 왕께서 사울왕을 폐위하기로 뜻하셨습니다. 그 결과 만왕의 왕의 마음에 합한 목동 다윗은 사무엘 선지자를 통해 하나님의 양 떼들을 다스리는 왕의 직분을 감당할 수 있도록 능력의 기름 부음을 받습니다. 이후 블레셋과의 전쟁이 일어났을 때 사울과 온 이스라엘의 군대는 적장 거인 골리앗의 위세에 압도되어 속수 무책으로 두려움에 떨고 있었습니다.

> 사울과 온 이스라엘이 블레셋 사람의 이 말을 듣고 놀라 크게 두려워하니라(삼상 17:11)

이 전쟁에서 여호와의 용사들이 모두 두려워 떨 때 오직 소년 용사 다윗 한 사람만이 태산같은 적장 골리앗 앞에 홀로 서 있습니다. 그러나 다윗은 자신이 혼자 서 있는 것이 아님을 체험적으로 잘 알았습니다. 모두가 두려워 떨 때 다윗은 극히 담대한 믿음으로 지금까지 자신과 함께 해 오셨던 만군의 여호와 하나님을 바라보고 전진합니다. 이번에는 아버지 이새의 양 떼를 지키기 위함이 아니라 하나님 아버지의 양 떼들을 지키기 위하여 생명을 다하는 심정으로(life-giving spirit) 죽음의 두려움을 일으키는(death-giving spirit) 거인 골리앗을 향해 돌진합니다. 이때 어린 용사 다윗이 사용했던 무기가 바로 물맷돌이었습니다. 그 물맷돌은 다윗의 손이 아닌 그가 믿는 만군의 하나님의 손에 들려진 물맷돌이었던 것입니다.

　성경은 영적 전쟁의 총사령관이 되시는 예수 그리스도를 신령한 반석, 영원한 반석으로 계시하고 있습니다. 하지만 하나님 나라의 영원한 반석이시요, 왕으로 오신 예수 그리스도는 자기 백성들에게 버림을 당하고 십자가에서 죽으셨습니다. 공의의 하나님 아버지께서 죽임당 하신 예수 그리스도의 굳건한 반석 위에 영원한 하나님의 나라를 새롭게 창조하시고자(New Creation) 버린 돌을 하나님 나라의 머릿돌이 되게 하셨습니다.

> 예수께서 이르시되 너희가 성경에 건축자들이 버린 돌
> 이 모퉁이의 머릿돌이 되었나니 이것은 주로 말미암아
> 된 것이요 우리 눈에 기이하도다 함을 읽어 본일이 없
> 느냐(마 21:42)

　세상 사람들에게는 십자가에서 완전히 버림을 받은 돌이지만 하나님 아버지께는 영원한 하나님의 집을 새롭게 건축하기 위한 부활의 산 돌이 되셨습니다. 이제 그를 믿는 모든 성도들도 영원한 반석, 보배로운 산 돌, 하나님의 집의 머릿돌과 연합된 산 돌들(Living-stones)이 되어 신령한 하나님의 집을 함께 세워가고 있습니다. 완전한 건축가 하나님 아버지의 때가 되면 신령한 반석과 연합된 산 돌인 성도들이 함께 완성을 이룬 하나님의 집을 보게 될 때가 올 것입니다.

사람에게는 버린 바가 되었으나 하나님께는 택하심을
입은 보배로운 산 돌이신 예수께 나아가 너희도 산 돌
같이 신령한 집으로 세워지고 예수 그리스도로 말미암
아 하나님이 기쁘게 받으실 신령한 제사를 드릴 거룩한
제사장이 될지니라(벧전 2:4-5)

만군의 여호와 하나님이 세상 나라들을 심판하실 것입니다. 손
에 들린 바 된 보배로운 산 돌, 신령한 물맷돌이신 예수 그리스도
를 통해 영원한 하나님의 권세와 나라가 세워지게 될 것입니다.
하나님의 나라를 새롭게 세우기 위한 이 거룩한 전쟁에 주를 믿는
모든 하나님의 백성들도 죄와 사망의 권세를 넉넉히 이기는 의의
병기가 될 수 있기를 소망합니다. 이 영적 전쟁에 참전한 하나님
의 백성들이 『열두 물맷돌』을 통하여 믿음의 용기와 새로운 통찰
을 얻기를 소망합니다.

마라나타! 아멘 주 예수여 오시옵소서!

2020년 12월 5일

부족한 물맷돌 박 진 석

01 열두
물맷돌

구원의 뿔

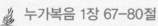

그 부친 사가랴가 성령의 충만함을 받아 예언하여 이르되 찬송하리로다 주 이스라엘의 하나님이여 그 백성을 돌보사 속량하시며 우리를 위하여 구원의 뿔을 그 종 다윗의 집에 일으키셨으니 이것은 주께서 예로부터 거룩한 선지자의 입으로 말씀하신 바와 같이 우리 원수에게서와 우리를 미워하는 모든 자의 손에서 구원하시는 일이라 우리 조상을 긍휼히 여기시며 그 거룩한 언약을 기억하셨으니 곧 우리 조상 아브라함에게 하신 맹세라 우리가 원수의 손에서 건지심을 받고 종신토록 주의 앞에서 성결과 의로 두려움이 없이 섬기게 하리라 하셨도다 이 아이여 네가 지극히 높으신 이의 선지자라 일컬음을 받고 주 앞에 앞서 가서 그 길을 준비하여 주의 백성에게 그 죄 사함으로 말미암는 구원을 알게 하리니 이는 우리 하나님의 긍휼로 인함이라 이로써 돋는 해가 위로부터 우리에게 임하여 어둠과 죽음의 그늘에 앉은 자에게 비치고 우리 발을 평강의 길로 인도하시리로다 하니라 아이가 자라며 심령이 강하여지며 이스라엘에게 나타나는 날까지 빈 들에 있으니라.

왕의 권세를 상징하는
뿔

신구약 성경에 등장하는 뿔은 권세, 능력, 영광을 의미하며, 그중에서도 왕의 권세를 상징합니다. 뿔은 소, 염소, 사슴, 산양과 같은 동물들에게도 경쟁자를 물리치는 힘과 능력이 되어 그들 사이에서 왕의 권세를 누리게 합니다.

동물들의 뿔은 단백질인 케라틴이라는 각질 섬유로 구성되어 있습니다. 그런데 신기하게도 사람의 머리카락의 핵심 성분도 케라틴입니다. 게다가 어떤 의미에서는 사람의 머리카락이 권세, 자존심, 영광을 상징하기도 합니다. 즉 사람의 머리카락은 동물의 뿔과 같이 머리에 씌워 놓은 왕관이라고 볼 수 있습니다.

뿔의 싸움

우리는 성경을 통해 인류의 역사가 왕권의 싸움이자 권세의 싸움, 즉 뿔의 싸움이라는 것을 알 수 있습니다. 만왕의 왕이신 하나님의 뿔에 도전하는 사탄의 뿔은 실제로 존재합니다. 사람들은 사탄을 그림으로 나타낼 때 머리에 두 개의 뿔을 그립니다. 사탄의 세력인 악한 영과 귀신, 도깨비를 그릴 때도 마찬가지입니다. 그들은 하나같이 머리에 뿔이 난 모습입니다.

죄악이 넘치는 이 세상에는 하나님의 뿔과 사탄의 뿔의 영적 싸움이 계속되고 있습니다. 그러나 사탄의 뿔은 결코 하나님의 뿔과 직접적으로 상대할 수 없습니다. 사탄의 권세와 하나님께서 교회와 성도들에게 위임하신 권세가 서로 뿔싸움을 하는 것입니다. 이 뿔싸움의 현장이 바로 죄로 가득한 세상입니다. 이 세상은 하나님의 권세를 거역하는 죄로 넘쳐납니다. 만왕의 왕이신 예수의 권세를 위임받은 왕 같은 제사장인 성도들은 뿔싸움에서 반드시 승리해야 합니다. 그러므로 교회는 성도들이 뿔싸움에서 항상 승리할 수 있도록 말씀과 기도로 가르치고 훈련하는 공동체가 되어야 합니다.

다니엘서 7, 8장은 하나님을 대적하는 대제국들의 모습을 뿔의 비유를 들어 예언하고 있습니다. 또 스가랴 1장은 하나님의 백성들을 대적하는 세상 나라들을 뿔에 비유하고 있습니다. 요한계시록 12, 13장 역시 하나님을 대적하는 세상 권세에 대해 '열 개의 뿔이 달린 큰 붉은 용', '열 개의 뿔이 달린 짐승'으로 설명하고 있습니다. 이 뿔싸움을 동물들의 뿔싸움에 비유해 볼까 합니다. 먼저 뿔이 달린 짐승들은 있는 힘껏 서로를 향해 돌진합니다. 그리고 뿔이 부딪치는 순간 어느 한 쪽은 뒤로 물러나거나 뿔이 부러집니다. 당연히 뿔이 꺾이는 쪽이 패자입니다.

뿔싸움의 전설적 인물 '최배달'

여기에서 무술인으로서 인생의 뿔싸움에서 승리한 전설적인 인물을 소개해 보려고 합니다. 일제 강점기에 청년 최배달은 전통 무예인 택견을 배우게 됩니다. 일본으로 건너간 그는 어떤 불의한 싸움에 휘말려 일본 야쿠자들에게 죽도록 두들겨 맞았습니다. 그는 망국의 설움도 괴로운데 비참하게 얻어맞아 만신창이로 버려지느니 차라리 죽고 싶었습니다. 자존심의 뿔이 꺾여버렸던 것입니다.

하지만 그는 '이렇게 죽느니 차라리 산속으로 들어가 무술 훈련을 시작하는 게 낫겠다'고 마음먹었습니다. 홀로 깊은 산중에 들어간 그는 승리의 비법을 터득하기 전까지는 결코 하산하지 않겠다는 각오로 눈썹을 한쪽씩 번갈아 밀어버리기도 했습니다. 최배달은 의지할 스승도 없이 죽기를 각오하고 무서운 훈련을 계속했습니다.

그러던 어느 날, 그는 자신이 누구도 두렵지 않은 강자가 되었음을 스스로 느끼게 됩니다. 산을 내려와 일본 전역의 가라데 도장을 찾아다니며 각 지역의 강자들과 대결을 벌이는 일명 '도장 깨기'를 펼쳤고, 사실상 일본의 모든 가라데 도장들을 격파해 버렸습니다. 자신의 무술의 탁월성을 과시하기 위해 황소 47마리의 뿔을 맨손으로 쳐서 뽑아버리는 퍼포먼스를 하기도 했습니다.

일본의 가라데를 제패한 그는 유럽과 미국 등 전세계의 무술계를 평정했고 무술계의 전설이 되었습니다. 그는 비록 일본으로 귀화를 했지만 자신 안에 한국인의 피가 흐르고 있다는 것을 한시도 잊은 적이 없었습니다. 그는 '극진(極眞) 가라데의 창시자'로 불리고 있지만, 사실 그의 무술은 '극진(極眞) 택견', '극진(極眞) 태권도'인 셈입니다. 최배달은 재일교포 한국인을 자신의 후계자로 세웠고 그의 자녀들도 한국에서 살고 있습니다. 현재 극진 무술은 일본의 가라데 네트워크를 빌려 전세계 140개국 이상, 2000만 명 이상의 제자들을 두고 있습니다.

뿔싸움에서 승리하는 비결

최배달의 뿔싸움이 혈과 육에 대한 뿔싸움이었다면 성도들의 뿔싸움은 하늘에 있는 공중 권세 잡은 악한 영에 대적하는 뿔싸움입니다. 하나님께서 주신 권세와 지혜로 악한 영들의 뿔을 꺾어버릴 때, 우리는 하나님께 더 큰 영광을 올려드릴 수 있습니다. 즉 성도가 하나님께 영광을 돌리는 삶을 사는 것은 영적 뿔싸움에서의 승리를 의미합니다. 이를 위해 성도들은 영적으로 훈련되고 단련되어야 합니다.

예수를 믿는 하나님의 자녀가 영적 뿔싸움에서 반드시 승리하는 비결이 있습니다. 바로 전쟁에 능하신 하나님께서 반드시 승리하신다는 믿음을 포기하지 않는 것입니다. 이 세상의 어떤 뿔도 하나님의 권세를 대적할 수는 없습니다. 하나님께서는 자신을 대적하는 이 세상의 모든 교만한 뿔을 꺾어버리십니다. 심지어 자신의 권세를 맡기신 성도라 할지라도 하나님의 뿔을 잘못 사용하면 그는 비참하게 망하고 맙니다.

사사기 16장에서 삼손은 들릴라의 집요한 유혹에 넘어가 하나님의 사사이자 영광의 뿔을 상징하는 긴 머리카락을 잘리고 맙니다. 힘을 빼앗긴 삼손은 원수에게 결박당하여 두 눈이 뽑히는 비참한 수치를 당했습니다. 그는 감옥에서 자신의 어리석음을 하나님 앞에서 처절하게 회개했습니다. 세월이 흘러 머리카락은 다시 자랐고 그의 힘도 회복되기 시작했습니다. 그리고 그는 블레셋의 신전 즉, 우상의 소굴을 무너뜨리는 역전의 승리를 거두었습니다.

한편 사무엘하 18장에 등장하는 다윗 왕의 아들 압살롬은 왕의 자녀인 자신의 권세를 잘못 사용합니다. 그는 자신이 그토록 자랑스러워했던 머리털이 상수리 나뭇가지에 걸리면서 공중에 매달린 채 비참하게 죽임을 당하고 말았습니다. 압살롬의 죽음은 결코 우연히 일어난 비극이 아닙니다. 아버지 다윗을 대적한 그의 반역은 실상 하나님 아버지에 대한 반역이었고, 그의 죽음은 하나님을 대적한 데 대한 심판적 죽음입니다. 제아무리 하나님의 자녀요, 왕 같은 제사장이요, 성도라 할지라도 권세, 즉 뿔을 잘못 사용하면 하나님은 그의 뿔을 꺾어버리신다는 것을 기억해야 합니다.

하나님께서는 그분의 뿔이 아닌 자신의 뿔을 높이려는 자를 미워하시고 심판하십니다. 이 세상은 온통 자신의 뿔을 높이기 위해 안간힘을 쓰는 사람들로 가득합니다. 사람들은 자기의 뿔을 높이고 다른 사람의 뿔을 훼손시키기 위해 어떤 수단과 방법도 가리지 않습니다. 우리는 하나님의 뿔이 아닌 자신의 교만의 뿔을 높이기 위해 몸부림치고 있지 않은지 스스로를 돌아보아야 합니다.

하나님께서 우리에게 위임하신 권세의 뿔로 주님께 온전히 영광을 돌리면 우리는 이 세상에서 놀라운 승리를 얻게 되는 동시에 하나님의 축복의 통로가 될 것입니다. 이 세상에서 누구도 당해낼 자가 없는 축복을 받게 될 것입니다.

구원의 뿔, 예수 그리스도

누가복음 1장 67-80절에서 제사장 사가랴는 갓 태어난 자신의 아들 세례 요한에 대해 예언하고 있습니다. 사가랴는 성령의 감동을 받아 세례 요한이 세상에 태어난 목적과 그에 대한 하나님의 뜻을 예언했는데, 76-77절에는 이 예언의 핵심이 잘 나타나 있습니다.

> 이 아이여 네가 지극히 높으신 이의 선지자라 일컬음을 받고 주 앞에 앞서 가서 그 길을 준비하여 주의 백성에게 그 죄 사함으로 말미암는 구원을 알게 하리니
> (눅 1:76-77)

성령의 감동으로 선포된 이 짧은 예언은 세례 요한의 일생에 대한 청사진이었습니다. 사가랴는 아들 세례 요한이 주님의 길을 준비하는 삶을 살게 될 것이라고 예언했습니다. 오늘날에도 누구든지 하나님과 친밀한 교제 가운데 동행하는 사람은 자신을 향한 주님의 뜻과 소명, 즉 예언적 비전을 확실하게 깨닫게 될 것입니다. 하나님과 동행하는 부모는 사가랴처럼 성령의 감동을 받아 자녀에게 예언적 인생 설계도를 알려줄 수 있습니다. 그들은 하나님의 비전을 따라 자녀를 양육할 수 있는 믿음의 실력을 갖춘 부모가 될 것입니다.

본문은 세례 요한에 대한 예언이지만 실상은 세례 요한이 섬기게 될 예수 그리스도에 대한 예언입니다. 그런데 본문 69절에는 예수 그리스도에 관한 매우 독특한 예언이 나타납니다.

> 우리를 위하여 구원의 뿔을 그 종 다윗의 집에 일으키셨으니(눅 1:69)

예수님이 태어난 사건을 '하나님께서 구원의 뿔을 다윗의 집에 일으키셨다'고 설명하고 있습니다. 사무엘하 7장에는 다윗이 성전을 짓고 싶은 자신의 소원을 선지자 나단에게 말했을 때, 나단이 성령의 감동으로 하나님의 말씀을 받아 다윗에게 전하는 예언이 나옵니다. 그 내용은 한마디로 이렇습니다. "네가 나의 집을 짓겠다고 하니 참으로 기특하구나! 얘야, 내가 언제 이 세상에다 나의 집을 크게 지어달라고 한 적이 있더냐? 온 세상이라도 내가 거할 집이 될 수 있겠느냐? 그러나 내가 너의 기특한 마음을 받아 너를 위하여 영원한 집을 지어주마!" 이 말씀은 다윗을 통하여 영원한 왕의 집안, 즉 불멸의 왕가를 세워주시겠다는 약속입니다. 하나님은 다윗에게 어마어마한 축복의 약속을 주셨습니다. 주님은 즉흥적이고 충동적으로 약속을 하시는 분이 아닙니다. 하나님은 자신의 약속을 자신의 영광과 명예를 걸고 반드시 이행하시는 신실하신 분이십니다.

하나님께서 나단 선지자를 통해 다윗에게 주신 예언의 약속은 본문에 나타나듯이 다윗의 집에 구원의 뿔을 일으키심으로 성취되었습니다. 사가랴는 성령의 감동으로 다윗의 집에 일어날 구원의 뿔인 예수 그리스도에 대한 비밀을 예언했습니다. 그리고 그 예언대로 다윗의 자손으로 오신 예수 그리스도로 인해 영원한 왕의 집안, 불멸의 왕가가 세워졌습니다.

그렇다면 사가랴를 통해 예언된 구원은 무엇을 의미일까요? 2000년 전, 베들레헴의 말구유에서 아기의 모습으로 태어나신

'구원의 뿔'은 심히 연약했습니다. 하지만 믿음의 관점에서 세계 역사의 전개 과정을 깊이 살펴보면 다릅니다. 연약해 보이는 구원의 뿔, 즉 어린 양 예수 그리스도의 권세와 능력의 뿔은 점점 더 크고 강해져 가고 있음을 발견하게 됩니다. 물론 구원의 뿔을 대적하는 사탄의 뿔도 구원의 뿔을 향해 점점 더 강하게 도전해 올 것입니다. 이미 그런 일들은 전세계적으로 맹렬한 속도로 일어나고 있습니다. 점점 더 치열하고 맹렬한 뿔들의 싸움은 구원의 뿔이신 만왕의 왕 예수 그리스도가 다시 오실 때까지 계속됩니다.

그러나 분명히 기억하십시오. 구원의 뿔이신 예수 그리스도는 마침내 모든 악한 뿔을 꺾어버리실 것입니다. 우리는 줄을 잘 서야 합니다. 미혹당하거나 속임을 당하지 말고 이기는 편에 줄을 서야 합니다. 어떤 유혹과 도전과 시험이 오더라도 구원의 뿔이신 어린 양 예수 그리스도의 편에 생명을 걸고 믿음으로 줄을 서야 합니다. 심지어 이 세상의 끝에 큰 환난과 시험으로 이 땅에 남아 있는 성도들의 뿔이 꺾여버릴 것 같은 절망적인 상황이 온다고 해도 우리는 결코 엉뚱한 곳에 줄을 서서는 안 됩니다. 예수 그리스도께서 다시 오셔서 모든 뿔싸움을 끝내실 때 성도들은 하나님 나라의 왕족으로서 다윗에게 약속하신 영원한 왕가의 영광을 누리게 될 것이기 때문입니다.

예수 그리스도께서
성취하실 일들

사람의 몸을 입고 죄 많은 이 세상에 구원의 뿔로 오신 예수 그리스도는 어떤 일을 성취하시기 위해 이 땅에 오셨을까요? 말구유에서 태어나신 아기 예수는 지극히 연약한 구원의 뿔이었지만, 전능하신 하나님의 능력으로 점점 자라나고 강대해져서 다음의 세 가지 일들을 계속해서 이루어 나가실 것입니다.

첫째, 예수 그리스도는 본문 71, 74절에 나타난 바와 같이 모든 원수의 세력으로부터 하나님의 백성들을 구원하게 될 것입니다.

우리 원수에게서와 우리를 미워하는 모든 자의 손에서 구원하시는 일이라(눅 1:71)

우리가 원수의 손에서 건지심을 받고(눅 1:74)

예수 그리스도는 교회와 하나님의 자녀인 성도들을 멸망시키려는 원수의 뿔, 즉 모든 원수의 권세로부터 우리를 구원하실 것입니다. 구원의 뿔이신 예수 그리스도는 사탄이 움켜쥐고 있는 세상 권세, 공중 권세, 죄와 사망의 권세, 음부의 권세가 결단코 이기지 못하도록 우리를 보호하시고 건져주실 것입니다. 구원의 뿔이신 예수 그리스도의 이름을 부르는 자는 구원을 받을 것입니다.

둘째, 예수 그리스도는 하나님의 온전한 긍휼과 놀라운 사랑을 나타내 보이실 것입니다.

> 우리 조상을 긍휼히 여기시며 그 거룩한 언약을 기억하
> 셨으니(눅 1:72)

하나님께서 아기 예수님을 죄로 가득한 이 세상에 보내신 것은 전적으로 그분의 크신 사랑과 온전한 긍휼에서 비롯된 것입니다. 그 놀라운 사랑은 구원의 뿔이신 예수님이 십자가에 못 박혀 죽게 하셨고, 또한 부활하게 하심으로 사탄의 머리인 뱀의 뿔을 짓밟아 버리셨습니다. 하나님은 예수님이 가진 모든 권세와 능력을 교회와 성도들에게 맡기심으로 세상에서 사탄의 세력과 뿔싸움을 하게 하셨습니다. 만왕의 왕이자 영원한 구원의 뿔이신 예수님께서 다시 오실 영광스러운 길을 예비하게 하신 것입니다. 이 모든 구원의 역사는 바로 하나님의 사랑에서 흘러나왔습니다.

셋째, 예수 그리스도는 우리가 하나님을 영원토록 두려움 없이 성결과 의로 섬기게 하려고 오신 구원의 뿔이십니다.

> 종신토록 주의 앞에서 성결과 의로 두려움이 없이 섬기
> 게 하리라 하셨도다(눅 1:75)

예수님은 우리가 구원을 받고 천국의 영광에 들어가는 것을 넘

어서서 영원토록 하나님을 사랑하고 기뻐하며 그분 앞에서 두려움 없이 섬기게 하시기 위해 이 땅에 오셨습니다. 다시 말해 하나님께서 우리에게 구원의 은혜를 주신 큰 목적은 우리가 하나님을 섬기는 데 마음과 힘을 다하도록 격려하시는 데 있습니다. 그러므로 교회는 하나님께 드리는 온전한 예배를 통해 성도들을 진정으로 경건하게 만들고, 하나님을 온전히 섬기게 하도록 격려해야 합니다.

구원의 뿔을 따르는 성도의 삶

그런가 하면 세례 요한은 구원의 뿔이신 예수 그리스도께서 오실 길을 예비하는 사명을 가지고 이 땅에 온 사람입니다. 그는 어린 시절부터 자신의 사명을 감당하기 위해 세상과 철저하게 구별되어 광야에서 지냈습니다. 이것은 출애굽한 이스라엘 백성들이 광야를 통과하면서 가나안 정복의 사명을 준비하고 단련되는 것과 같은 과정입니다. 이방인의 사도인 바울에게도 본격적인 선교 사역에 나서기 전 3년 동안 아라비아 광야에서 영적으로 훈련하고 준비하는 시간이 주어졌습니다. 예수님께서는 메시아로서 공생애를 사시기 전에 광야에서 40일 동안 금식하시면서 철저하게 준비하셨습니다. 죄악으로 가득 찬 이 세상을 살아가는 성도들의 역사도 이와 다르지 않습니다. 우리는 새로운 세상, 즉 영원한 천국에서의 사명을 위해 세상이라는 광야에서 훈련하며 준비하고 있습니다.

우리는 세례 요한이 세상과 구별된 빈 들에서 자라고 심령이 강하여지는 과정에 주목해야 합니다.

> 아이가 자라며 심령이 강하여지며 이스라엘에게 나타나는 날까지 빈 들에 있으니라(눅 1:80)

그의 짧고 담대한 메시지는 빈 들에서 강해진 심령을 통해 나온 것입니다. 우리도 빈 들에서 심령이 강해지는 시간을 가져야 합니다. 하나님의 영광을 위한 거룩한 뿔싸움, 즉 영적 전쟁을 잘 감당하기 위해 주님만을 온전히 바라보는 빈 들, 광야, 빈 방을 예비해야 합니다. 우리의 속사람을 성령의 능력으로 강건하게 하는 시간을 가져야 합니다.

우리는 처음에는 지극히 연약한 구원의 뿔이었지만 전능하신 하나님의 능력으로 점점 자라나 강대해지신 예수님을 닮아가야 합니다. 구원의 뿔을 믿음으로 영접한 우리는 이미 자신에게 미약하고 작은 구원의 뿔이 돋아났음을 확신하고, 이 뿔이 점점 자라나 강해질 수 있도록 영적 훈련의 시간을 가져야 합니다. 예수 그리스도의 권세가 나의 권세가 되고, 예수 그리스도의 구원의 뿔이 나의 뿔이 되도록 철저하게 준비해야 합니다. 구원의 뿔과 원수의 뿔 사이에서 일어나는 뿔싸움, 곧 치열한 영적 전쟁에서 승리할 수 있도록 우리의 속사람을 강건하게 해야 합니다. 이를 위해 하나님만을 전심으로 바라보는 광야, 빈 들, 빈 방에서의 시간은 반드시 필요합니다.

전심으로 기뻐하는 찬송

우리는 구원의 뿔로 이 세상에 오신 예수 그리스도를 전심으로 기뻐하고 찬송해야 합니다.

찬송하리로다 주 이스라엘의 하나님이여(눅 1:68)

사가랴가 부른 이 찬송은 약속의 성취, 곧 메시아의 통치를 미리 보는 기쁨의 찬송입니다. 마찬가지로 예수 그리스도께서 이 땅에 오심을 축하하는 성탄절은 기쁨으로 찬송하는 날이 되어야 합니다. 그러나 현실은 그렇지 않습니다. 이 시대의 성탄절의 주인공은 산타클로스, 백화점, 방송국, 영화관, 술집, 나이트클럽이 아닐까 착각이 들 정도입니다. 진짜 주인공인 예수님은 온데간데없고 그저 흥청망청 즐기는 사람들뿐입니다. 우리는 기억해야 합니다. 성탄절의 진짜 주인공은 구원의 뿔이신 예수 그리스도요, 그를 믿는 교회와 성도들이라는 것을.
그런가 하면 오늘날의 교회와 성도들은 성탄절에 너무 조용하고 차분합니다. 물론 성탄절을 경건하게 보내고 조용하고 차분한 태도로 보낼 필요도 있습니다. 하지만 예수 그리스도께서 구원의 뿔로 이 세상에 태어나신 날은 기쁨으로 가득 찬 생일 잔칫집과 같아야 합니다. 만민에게 울리는 놀랍고 기쁜 소식, 바로 구원의 뿔의 탄생을 마음껏 즐거워하며 노래 부르고 춤추는 것이 마땅하지 않을까요? 영적 원수들을 향해 "이 생일잔치의 주인공은 예수 그리스도와 교회와 성도인 우리다!"라고 외치면서 전심으로 기뻐하고 즐거워해야 하는 것입니다. 하나님께서 우리를 위해 베풀어 주신 기쁨의 잔칫날에 오직 주님께 영광을 돌리며 기뻐하고 찬송해야 합니다.

이처럼 전심으로 기뻐하는 찬송은 다시 우리에게 능력이 되고 축복이 되며 치유가 됩니다. 68절에 나타난 "찬송하리로다 주 이스라엘의 하나님이여"를 라틴어로 하면 "Benedictus Dominus Deus Israel(베네딕투스 도미누스 데우스 이스라엘)"입니다. 여기서 '베네딕투스(Benedictus)'는 '찬송하리로다'라는 뜻을 가진 단어로, 예수 그리스도께서 구원의 뿔로 탄생하신 이 놀랍고 기쁜 소식을 영원토록 찬송해야 한다는 의미입니다. 우리의 심령에도 구원의 뿔이신 예수 그리스도께서 이 세상에 오심에 대한 감격이 충만하여 기쁨의 찬송이 넘치기를 소망합니다.

극진(極眞)의
정신으로

모든 권세의 주인이자 모든 뿔의 주인이신 하나님께서는 구원의 뿔이신 예수 그리스도의 영광을 위해 살아가는 성도들의 뿔을 반드시 높여주십니다. 하나님은 예수 그리스도를 생명과 마음과 힘과 뜻을 다해 사랑하면서 믿음의 선한 싸움을 싸우는 성도들에게 세상의 어떤 세력과 싸워도 능히 이길 수 있는 지혜와 능력을 주십니다.

최배달은 전세계인들의 기억 속에 전설적인 무예인으로 자리 잡고 있습니다. 그는 비록 혈과 육에 대한 싸움이었음에도 자신의 생명과 마음과 힘과 뜻을 다해 싸웠습니다. 그는 극진(極眞)의 정신으로 자신을 압제했던 일제의 뿔은 물론이고 전세계의 무술의 뿔을 모조리 꺾고 세계 최강자가 되었습니다.

우리도 이 세상에서 영적 뿔싸움을 싸울 때 우리의 생명과 마음과 힘과 뜻을 다해야 합니다. 우리가 주님의 나라와 의를 위하여 극진(極眞) 교회, 극진(極眞) 성도가 될 때, 마침내 모든 원수의 뿔을 꺾고 넉넉히 이기게 하시는 하나님의 영원한 영광에 동참하게 될 것입니다.

02 열두
물맷돌

영광의 빛

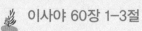

이사야 60장 1-3절

일어나라 빛을 발하라 이는 네 빛이 이르렀고 여호와의 영
광이 네 위에 임하였음이니라 보라 어둠이 땅을 덮을 것이
며 캄캄함이 만민을 가리려니와 오직 여호와께서 네 위에
임하실 것이며 그의 영광이 네 위에 나타나리니 나라들은
네 빛으로, 왕들은 비치는 네 광명으로 나아오리라

치열한
'빛 전쟁의 시대'

지금 전세계에서는 빛의 비밀을 밝히기 위한 어마어마한 경쟁이 일어나고 있습니다. 21세기는 최첨단 빛의 기술을 어느 나라가 선점하느냐에 따라 국가 미래의 판도가 달라질 것입니다. 2015년 12월 29일, 경북 포항에서는 제4세대 방사광 가속기 센터가 만들어졌습니다. 미국과 일본에 이어 세계에서 세 번째입니다. 그리고 2017년 12월 28일, 과학기술정보통신부는 2018년 1월 1일부터 5년간 포항공대를 제4세대 방사광 가속기 센터 운영기관으로 선정했다고 공식 발표했습니다. 제4세대 방사광 가속기의 총 길이는 약 1,100m에 달합니다. 이것을 완공하기 위해 사용된 콘크리트 양은 인천공항을 짓기 위해 사용된 콘크리트 양보다 훨씬 더 많다고 합니다. 이 엄청난 규모의 제

4세대 방사광 가속기는 기존의 제3세대보다 100억 배 이상의 밝은 빛을 만들어 낼 수 있습니다. 이처럼 전세계의 과학계는 보다 강력하고 차원 높은 빛을 얻기 위해 치열하게 경쟁하고 있습니다. 미래에는 최첨단 빛의 기술을 선점하는 나라가 과학 기술의 판도를 좌우할 것입니다.

최첨단
빛의 비밀

빛을 연구하는 과학자들에 의하면 빛에는 결맞음성(Coherence), 단색성(Monochromatic), 지향성(Directionality)이라는 세 가지 속성이 존재한다고 합니다. 결맞음성이란 시공을 초월하여 존재하려는 속성이며, 단색성은 빛이 가진 진동의 순수성을 의미합니다. 그리고 지향성은 한 방향으로 강하게 전파하려는 특성입니다. 그런데 신기하게도 이러한 빛의 속성은 참 빛이신 삼위일체 하나님의 속성, 즉 영원한 영광의 나라를 지향하는 창조주 하나님의 뜻의 방향과 통하는 부분이 있습니다. 만약 이 세 가지 속성을 모두 결합한 빛의 비밀을 밝혀내고 그 빛을 상용화, 기술화할 수만 있다면 분명 엄청난 일이 일어날 것입니다.

여호와를 경외하는 것이 지혜의 근본이요 거룩하신 자

를 아는 것이 명철이니라(잠 9:10)

이 말씀은 하나님의 약속입니다. 하나님께서는 그분을 경외하는 신실한 성도에게 참된 빛이신 자신에 대한 지혜와 지식의 비밀을 계시하여 주실 것입니다. 저는 참된 빛이신 하나님을 경외하는 과학자들 가운데서 최첨단 빛의 비밀을 밝히고 그 빛을 기술화함으로써 민족과 나라를 번영하게 할 빛의 과학자가 나타나기를 소망합니다.

일어나 빛을
발하라!

본문 이사야서 60장 1-3절 말씀에는 빛에 대한 이야기가 나옵니다. 이 말씀을 기록한 연대를 추정하는 데 있어 학자들 사이에 여러 논쟁이 있는데, 그것은 대개 두 가지로 모아집니다. 그중 하나는 이미 남유다가 바벨론에게 멸망당한 후 70년간의 포로 생활을 청산하고 고국으로 돌아왔던 시대를 배경으로 선포된 예언의 말씀으로 해석하는 견해입니다. 또 다른 하나는 남유다가 바벨론에게 멸망당하기 직전의 암울한 시대에 선포된 말씀으로 해석하는 견해입니다. 모두 일리 있는 해석입니다.

먼저 첫 번째 견해를 토대로 이사야서 60장의 말씀을 살펴보도록 하겠습니다. 이 견해에 따르면 이사야서 56-66장의 배경은 포로 생활을 청산하고 본국으로 돌아온 직후부터 20년의 시기로 볼 수 있습니다. 당시 하나님의 백성들은 나라가 망하여 바벨론에서 포로로 살고 있었지만, 무려 70년 동안 비교적 안정을 누리고 있었습니다.

그러다가 페르시아의 고레스 왕이 바벨론을 정복하면서, 하나님의 예언의 말씀대로 바벨론의 포로였던 유대인들에게 고국으로 돌아갈 길이 마치 기적처럼 열렸습니다. 포로로 잡혀있던 유대인들 중 믿음이 투철했던 사람들은 바벨론의 안정된 생활을 과감하게 정리한 뒤 커다란 꿈을 안고 고국으로 돌아왔습니다. 막상 죽을 고생을 하며 고국으로 돌아온 수도 예루살렘은 짐승들이 노니는 허허벌판과 같았습니다. 그러나 그들은 낙심하지 않았습니다. 그들은 무너진 성전을 새롭게 건축하고 예루살렘 성벽을 쌓기 시작했습니다. 동시에 자신들이 살 집을 짓고 곳곳에 파손된 거리를 정리하며 여러 시설들을 복구했습니다.

무너진 성전을 재건축하고 망해버린 나라를 재건하는 일은 생각보다 쉽지 않았습니다. 이미 이방인들이 많이 들어와 살면서 자신들의 우상을 섬기고 있었기 때문입니다. 또 정치, 경제, 안보 등 나라의 모든 분야가 무너져 있었고 설상가상으로 유대인들끼리도 파가 나누어져 있었습니다. 증오심과 이기심이 그들을 갈라놓은 것입니다. 그러니 성전을 재건축하고 나라를 재건하기 위해 바벨론에서 천신만고 끝에 돌아온 유대인들은 '고작 이렇게 살려고 조국에 돌아왔던가?'라는 회의와 낙심에 점점 빠져들기 시작했습니다. 처음에 가졌던 믿음은 사라졌고 패배주의와 깊은 좌절과 절망으로 가득 차게 되었습니다. 당시 이와 같은 유대인들의 암울한 상황은 본문 2절에 묘사되어 있습니다.

> 보라 어둠이 땅을 덮을 것이며 캄캄함이 만민을 가리려니와 오직 여호와께서 네 위에 임하실 것이며 그의 영광이 네 위에 나타나리니(사 60:2)

이제 두 번째 견해를 토대로 이사야서 60장의 말씀을 살펴보겠습니다. 이 견해에 따르면, 지금 남유다의 백성들은 두 패권 국가인 앗수르와 바벨론 사이에서 어떻게 해야 살아남을 수 있는가를 심각하게 고민하고 있습니다. 이미 앗수르는 북이스라엘을 잔인하게 멸망시켰기에 남유다 백성들의 두려움은 더욱 컸습니다. 게다가 남쪽으로는 애굽이라는 거대한 세력이 존재하고 있었고 주변에는 모압, 암몬, 두로, 시돈 등의 원수들이 호시탐탐 노리고 있는 상황이었습니다. 이때 이사야 선지자는 끝끝내 죄에서 돌이키지 않았던 북이스라엘 왕국이 앗수르에게 멸망당한 것처럼 남유다 왕국도 결국 바벨론에게 망해서 70년간 포로생활을 하게 될 것이라는 암울한 예언을 합니다. 그러나 70년의 형벌의 때가 차면 그들을 일으켜 빛을 발하게 하시겠다는 하나님의 약속도 함께 선포합니다. 이 예언의 말씀을 쉽게 풀어쓰면 이렇습니다.

"거대한 국제 정세 속에서 너희들은 타락하여 하나님을 떠났다. 그러므로 남유다는 망하여 깊은 어둠의 나락으로 떨어지고 말 것이다. 하지만 나는 나의 백성을 버리지 않는다. 때가 되면 너희에게 나의 빛이 임하게 하고, 반드시 너희들을 회복하여 만민에게 빛을 밝히게 해 줄 것이다."

이것은 이스라엘의 역사 속에서 남유다가 바벨론에 의해 멸망당하는 사건에만 적용되는 말씀이 아닙니다. 이 말씀은 더 나아가 참된 구원의 빛이며 영광의 왕으로 다시 오실 예수 그리스도를 믿는 하나님의 백성들과 교회가 장차 깊은 어둠과 절망의 현실에 처하게 될 때에도 동일하게 적용될 것입니다. 즉 이 말씀은 예수 그리스도께서 다시 오시기 직전의 마지막 때에 하나님께서 영광의 빛을 통해 모든 민족을 축복하시게 될 종말적 소망과 비전을 제시하는 말씀입니다.

본문의 말씀을 구체적으로 살펴보면 크게 세 가지 내용 나눌 수 있습니다. 첫째, 일어나 빛을 발하라는 명령입니다.

> 일어나라 빛을 발하라 이는 네 빛이 이르렀고 여호와의
> 영광이 네 위에 임하였음이니라(사 60:1)

하나님의 백성들은 암울한 현실에 짓눌려 절망하지만, 이미 그들의 심령에는 주님의 빛과 영광이 임하였다는 말씀입니다. 그러니 일어나 빛을 발하라는 것입니다.

둘째, 하나님의 백성들이 처한 상황이 매우 어둡고 암울하다는 것을 주님도 잘 아신다는 것입니다.

> 보라 어둠이 땅을 덮을 것이며 캄캄함이 만민을 가리려 니와 오직 여호와께서 네 위에 임하실 것이며 그의 영 광이 네 위에 나타나리니(사 60:2)

이러한 깊은 어둠의 때에 하나님의 백성들의 유일한 소망은 바로 어둠을 물리치고 능히 이길 수 있게 하실 영광의 참된 빛, 즉 여호와를 의지하는 것이라는 말씀입니다.

셋째, 참 빛이신 하나님의 영광을 의지하며 일어나 빛을 발하면 놀라운 번영과 축복이 임하게 되리라고 말씀하십니다.

> 나라들은 네 빛으로, 왕들은 비치는 네 광명으로 나아 오리라(사 60:3)

그리고 이어지는 이사야서 60장 4-22절 말씀은 나라들과 왕들이 빛과 영광으로 나아올 때 어떤 일이 일어나게 될 것인지에 관해 좀 더 상세하게 묘사하고 있습니다. 한마디로 참담하게 망해버린 이스라엘이 하나님의 말씀을 의지함으로 일어나 빛을 발하기 시작하면 영원토록 해가 지지 않는 영광의 나라, 강한 나라가 될 것이라고 약속하신 것입니다.

빛을 찾아 헤매는
어두운 세상

요한복음 1장 5절은 참된 빛으로 오신 예수님을 어둠에 처한 세상이 깨닫지 못했다고 증언합니다.

빛이 어둠에 비치되 어둠이 깨닫지 못하더라(요 1:5)

하나님의 말씀은 이 세상이 어둠 가운데 있다고 분명하게 증언하고 있습니다. 인류의 역사 속에서 여러 종류의 빛들이 나타났지만 죄 가운데 놓인 세상의 본질은 어둠입니다. 이 세상의 빛들은 본질상 참된 빛이 아니기 때문입니다. 세상의 빛들은 스스로 발하는 빛의 근원도, 영원한 영광의 빛도 아닙니다. 세상의 빛들을 참된 하나님의 빛과 비교해 보면 그것들은 일시적으로 빛나는 가짜 빛에 불과합니다.

고대인들의 원시 신앙의 세계를 살펴보면 그들이 빛을 숭배했다는 것을 알 수 있습니다. 그들은 자신들이 어둠 속에 있다는 것을 알고 있었습니다. 사람들은 빛을 찾아 헤매었고, 눈에 보이는 빛에 신성을 부여하며 숭배했습니다. 그중 대표적인 것은 바로 태양입니다. 전세계의 고대 신앙을 살펴보면 가장 보편적이면서도 대표적인 숭배의 대상이 태양이라는 사실을 쉽게 알 수 있습니다. 이스라엘을 압제했던 애굽도 태양을 신으로 숭배했습니다. 이웃나라 일본도 태양신을 숭배합니다. 일본 신사에 가보면 문 앞에

굵은 새끼줄 따위로 금줄을 쳐놓은 것을 볼 수 있습니다. 이것은 다름 아닌 태양빛을 상징합니다. 뿐만 아니라 새끼줄에 매어 놓은 하얀 종이 역시 어두운 하늘에 내리치는 번개나 퍼져나가는 빛의 모습을 상징하고 있습니다.

사람들은 태양뿐 아니라 하늘에 빛나는 해와 달과 별의 빛을 상징하는 것들에 신성을 부여하며 이들을 향해 열심히 빌고 또 빌었습니다. 우리 조상들도 예외가 아니었습니다. 우리나라 사람들을 왜 백의민족(白衣民族)이라고 할까요? 여기에는 여러 가지 설들이 있지만, 그중에서도 밤하늘에 빛나는 달과 별의 기준이 되는 북극성을 신으로 숭배하기 위해 정결(淨潔)한 흰 옷을 입었다는 이야기가 있습니다. 고대 민속 신앙을 연구하는 학자들에 의하면 북극성으로 가기 위해서는 하얀 별들의 바다 은하수를 건너가야 하기에 흰 옷을 입었다고도 합니다. 비록 샤머니즘, 애니미즘과 같은 고대 원시 신앙의 흔적이기는 하지만, 이를 통해 우리 민족이 신에게 정(淨)한 제사를 드리는 것을 중요하게 여겼다는 것을 알 수 있습니다.

전세계의 수많은 나라와 지역에서 치르는 해맞이 행사 역시 어둠이 실재하는 세상에서 빛을 추구하는 풍습을 반영하고 있습니다. 이처럼 전세계 어디에든 고대인들의 신앙 풍습에는 빛을 추구하고 경배했던 흔적이 있습니다. 사람들이 어둠을 두려워했기 때문입니다. 이러한 모습은 현대인들도 예외가 아닙니다. '고대 미래(Ancient future)'라는 말이 있습니다. 죄인 된 인간과 죄로 오염

된 세상의 본질은 고대나 현대나 미래나 조금도 달라지지 않았다는 의미입니다. 인간은 죄인이며, 세상은 어둠에 놓여 있기에 사람들은 언제나 본능적으로 빛을 추구합니다. 사람들은 빛을 얻기 위해 지금도 몸부림치고 있습니다. 그 몸부림은 철학, 과학, 종교, 예술, 정치 등 모든 분야를 통해 나타나고 있습니다. 그러나 하나님의 말씀인 성경은 영원히 꺼지지 않는 참된 빛이 오직 하나님이요, 오직 예수 그리스도이심을 분명하게 증거하고 있습니다.

참 빛 곧 세상에 와서 각 사람에게 비추는 빛이 있었나니(요 1:9)

참된 빛이신 하나님을 떠났을 때

성경은 사람들이 미혹당하여 예수 그리스도가 아닌 가짜 빛을 따라가면 결국 비참한 어둠의 나락으로 떨어져 망하게 될 것이라고 증거하고 있습니다.

이것은 이상한 일이 아니니라 사탄도 자기를 광명의 천사로 가장하나니(고후 11:14)

사무엘하 4장 21절을 보면 이스라엘 민족이 블레셋과의 전쟁에서 비참하게 패배하는 일이 일어납니다. 이 전쟁은 다른 전쟁들과는 좀 다릅니다. 그들은 하나님의 임재를 상징하는 법궤를 하나님의 허락 없이 함부로 전쟁터에 들고 나가 싸우다가 참담하게 패배하고 맙니다. 이스라엘 보병 삼만 명은 블레셋에 의해 살해를 당하고, 법궤는 강탈당했으며, 법궤를 책임지는 제사장 홉니와 비느하스도 죽임을 당합니다. 이 소식을 전해 들었던 제사장이자 사사였던 엘리는 목이 부러져 죽고, 그의 며느리인 제사장 비느하스의 아내는 태중에 있는 아들을 낳다가 죽어가면서 자신의 아들의 이름을 이가봇이라고 지었습니다. 이가봇은 하나님의 영광 즉 참된 빛이 떠났다는 의미입니다. 우리 중에 어느 부모가 아들의 이름을 '어둠'이라고 짓겠습니까? 제사장 비느하스의 아내는 참된 빛이신 하나님을 떠나버린 이스라엘 민족의 비참한 상황을 자신의 아들의 이름에 새겨 넣었던 것입니다.

　이스라엘은 참된 빛이신 하나님의 영광을 지키고 일어나 하나님의 빛을 발하도록 선택받은 민족입니다. 이스라엘 민족이 역사상 가장 강력하고 모든 면에서 부흥했던 시기는 예외 없이 하나님의 영광을 사수(死守)했을 때였습니다. 그러나 이스라엘이 참된 빛이신 하나님을 떠났을 때 그들은 비참하게 멸망하고 말았습니다. 이것이 구약 성경이 계시하고 있는 하나님께서 택하신 백성들의 역사입니다. 이 원리는 이 시대의 영적 이스라엘인 교회와 성도들에게도 그대로 적용됩니다(롬 9:6-8). 하나님의 영광이 떠나버린 이가봇과 같은 교회와 성도들은 반드시 하나님의 심판을 받습니다. 하나님은 빛을 밝히지 못하는 교회와 성도들에게 어둠을 들어 심판하신다는 것을 명심해야 합니다.

잠자는 자여 깨어서 일어나라

하나님의 영광의 빛 가운데 있으면서 그 빛을 밝히는 자로 살아가려면 우리는 어떠한 마음을 가져야 할까요? 하나님의 영광의 빛은 애통하며 회개하는 심령에게 임합니다. 자신이 어둠 속에 있음을 겸손히 인정하는 심령에게 임합니다. 그리고 하나님의 영광의 빛이 임할 때 우리는 그 빛을 간직할 뿐 아니라 착한 말과 행실로 어두운 세상을 향하여 일어나 빛을 발합니다. 우리가 세상에서 주님의 영광의 빛을 발할 때 마침내 이사야서 60장 3절에서 약속하고 있는 기이한 축복의 역사가 나타나게 됩니다.

> 나라들은 네 빛으로, 왕들은 비치는 네 광명으로 나아 오리라(사 60:3)

하나님께서는 이 어두운 세상에서도 자기의 뜻을 이루시기 위하여 구세주 예수 그리스도의 참된 빛을 온전히 받들고 경외하는 민족에게 해가 지지 않는 영원한 하나님 나라의 축복과 번영을 예고편으로 맡기실 것입니다. 영광의 하나님께서는 이사야서 60장 22절에서도 이스라엘 민족에게 놀라운 약속을 주셨습니다.

> 그 작은 자가 천 명을 이루겠고 그 약한 자가 강국을 이룰 것이라 때가 되면 나 여호와가 속히 이루리라(사 60:22)

먼저 이 약속은 가장 깊은 어둠의 역사에 처해 있던 이스라엘 민족에게 주어진 말씀입니다. 엄청난 고통과 시행착오를 거쳐 현재 이스라엘과 전세계에 흩어져 있는 유대민족 1,800만 명은 사실상 전세계에서 가장 강한 민족, 가장 강한 나라를 이루고 있습니다. 이것은 구원의 역사를 이루어 가시는 하나님의 약속의 말씀이 세상의 역사 속에서 이루어져 가고 있다는 증거입니다. 그러나 이스라엘 민족이 세상 나라들 가운데서 점점 강성해지고 있다는 사실에는 양면적 성격이 있습니다. 그것은 그들 자신이 오매불망 기다리고 있는 메시아를 누구로 믿고 순종하느냐에 따라 달라질 것입니다.

우리나라도 이스라엘과 비슷하게 세계에서 가장 막강한 패권 국가들에 둘러싸여 오랫동안 고난을 겪어온 작은 나라입니다. 하지만 대한민국이 영광의 하나님을 경외하고 주님의 뜻에 순종한다면, 그분의 놀라운 지혜와 총명으로 얼마든지 세계의 역사 속에서 빛을 발하는 강국이 될 수 있을 것입니다. 과거 유럽의 작은 섬나라 영국이나 포르투갈, 스페인의 역사가 그랬던 것처럼 말이지요.

이사야서 60장에 나타나는 약속의 말씀들은 시공을 초월하여 이 시대의 빛의 자녀인 우리에게 얼마든지 적용될 수 있습니다. 주님께서는 지금 우리에게 절망의 자리, 가난과 질병의 자리, 실패의 자리, 상처와 한이 서린 어둠의 자리에서 일어나라고 말씀하십니다. 마가복음 5장에서 회당장 야이로의 열두 살 난 딸이 죽었을 때 주님은 그 죽은 시신 앞에서 "달리다굼!", 즉 "일어나라!"고 명령하셨습니다. 감히 이 세상의 어떤 사람이 죽음이라는 깊은 잠에 빠진 자에게 자신 있게 일어나라고 명령할 수 있을까요? 그러나 참된 빛이신 주님께서 일어나라고 명령하셨을 때 소녀는 즉시 일어나 걸었습니다.

오늘날에도 주님은 영적으로 깊은 잠에 빠진 교회와 성도들을 향하여 크게 외치고 계십니다. "잠자는 교회와 성도들이여, 깨어나라! 일어나라! 빛의 군대로 일어나라!"

> 그러므로 이르시기를 잠자는 자여 깨어서 죽은 자들 가운데서 일어나라 그리스도께서 너에게 비추이시리라 하셨느니라(엡 5:14)

예수 그리스도의 참된 영광의 빛

혹시 여러분은 어둠을 밝힐 등불이 없다고, 빛을 밝혀줄 인물이 없다고 한탄하고 있지는 않습니까? 우리나라가 일제 치하의 깊은 어둠의 수렁에 빠져 있을 때 위대한 믿음의 선각자 도산 안창호 선생은 이렇게 외쳤습니다. "인물이 없다고 한탄하는 그 사람 자신이 왜 인물이 될 공부를 아니하는가!"

예수 그리스도의 참된 영광의 빛을 소유한 교회와 성도들은 언제나 그 시대의 어둠을 밝히는 참된 빛으로 존재해 왔습니다. 교회와 성도들이 일어나 빛을 발하지 못한다면 그 시대는 반드시 어두워질 수밖에 없습니다. 지금 우리는 한국 교회와 성도들을 향한 주님의 명령에 순종하여 기드온의 삼백 용사처럼 질그릇 속에 감추어진 영광의 횃불을 높이 들어야 합니다. 회개하고 부르짖음으로써 타락한 질그릇에 숨어있는 탐심과 정욕을 깨뜨리고, 어두운 세상을 향하여 일어나 빛을 발해야 합니다. 바로 그때 이 시대를 하나님의 승리로 이끌어낼 놀라운 참 빛의 역사가 나타날 것입니다.

우리가 부르는 찬송가 중에서 많은 곡을 작곡한 박재훈 목사님은 6·25 전쟁이 일어났을 당시 해군 정훈 음악대원으로 복무하고 있었습니다. 그때 학교에서 학생들을 가르치던 교사이자 시인이었던 석진영이라는 여성이 박재훈 목사님에게 시 한편을 보내

왔습니다. 그것은 이 땅의 젊은이들이 전쟁이라는 비참한 참상 속에서 희망을 버린 채 절망하는 모습을 바라보는 안타까운 심정을 담은 시였습니다. 시를 읽은 박재훈 목사님은 깊은 감동을 받았고, 이 시에 곡을 붙여 찬송가를 만들었습니다. 바로 찬송가 515장 〈눈을 들어 하늘 보라〉입니다.

눈을 들어 하늘 보라 (찬송가 515장)

눈을 들어 하늘 보라 어지러운 세상 중에
곳곳마다 상한 영의 탄식소리 들려온다
빛을 잃은 많은 사람 길을 잃고 헤매이며
탕자처럼 기진하니 믿는 자여 어이할꼬
눈을 들어 하늘 보라 어두워진 세상 중에
외치는 자 많건마는 생명수는 말랐어라
죄를 대속하신 주님 선한 일꾼 찾으시나
대답할 이 어디 있나 믿는 자여 어이할꼬

사랑하는 여러분, 자다가 깰 때가 되었습니다. 이미 하나님의 영광이, 주님의 참된 빛이 우리의 심령에 비춰졌습니다. 이제 간절히 회개하며 더러워진 옷을 깨끗하게 씻고 빛의 갑옷을 입을 때입니다. 깨끗하고 하얀 주님의 거룩한 세마포로 갈아입어야 합니다. 하늘의 북극성을 경배했던 백의민족이 아닌 하나님의 영광의 나라를 완성하기 위해 주님을 경배하는 민족이 되어야 합니다. 우리 모두 다시 오실 만왕의 왕, 광명한 새벽별, 영적 북극성이신 주님을 경배하는 민족이 됩시다. 거룩한 세마포를 입은 21세기의 백의민족으로 일어나 빛을 발합시다. 그리하여 우리 민족이 열방을 밝히는 하나님의 위대한 영광의 등불로 높이 들려 쓰임 받기를 간절히 기도합시다!

03
열두 물맷돌

하늘과 땅의 진동

너희는 삼가 말씀하신 이를 거역하지 말라 땅에서 경고하신 이를 거역한 그들이 피하지 못하였거든 하물며 하늘로부터 경고하신 이를 배반하는 우리일까보냐 그 때에는 그 소리가 땅을 진동하였거니와 이제는 약속하여 이르시되 내가 또 한 번 땅만 아니라 하늘도 진동하리라 하셨느니라 이 또 한 번이라 하심은 진동하지 아니하는 것을 영존하게 하기 위하여 진동할 것들 곧 만드신 것들이 변동될 것을 나타내심이라 그러므로 우리가 흔들리지 않는 나라를 받았은즉 은혜를 받자 이로 말미암아 경건함과 두려움으로 하나님을 기쁘시게 섬길지니 우리 하나님은 소멸하는 불이심이라

점점 빨라지는
강진의 주기

21세기에 들어서면서 과학 기술과 지식의 팽창 속도는 점점 더 빨라지고 있습니다. 자고 일어나면 또 다른 기술과 지식이 쏟아져 나올 정도로 세상은 빠르게 변화하고 있습니다. 이 시대를 설명하는 주요 개념 중 하나는 초연결 사회(Hyper-connected Society)입니다. 초연결 사회는 인터넷 정보 통신 기술을 통하여 사람과 사람, 사람과 사물, 사물과 사물, 온라인과 오프라인이 서로 긴밀하게 연결되고 통합되는 사회를 말합니다. 이처럼 세상은 첨단 기술을 통해 더욱 하나가 되어가고 있습니다.

그런데 아이러니하게도 세상이 하나가 되어가는 첨단 과학의 시대에 오히려 더 많은 문제와 전쟁과 재난들이 속출하고 있습니다. 그중 대표적인 것이 지진입니다.

미국 테네시 네쉬빌의 지진 연구가인 세실 보즈웰(Cecil Boswell)은 전세계의 지진에 관한 방대한 자료를 검토하며 강진의 주기에 관해 연구했습니다. 그는 지난 2,000년 동안 진도 7 이상의 강진이 몇 번이나 발생했는지 조사했습니다. 그 결과 주후(AD) 1년부터 1800년까지 일어난 진도 7이상의 강진은 약 11차례였습니다. 물론 이것은 역사적으로 기록된 문헌들에 의한 결과이고 실제로는 더 많은 강진이 일어났을 수도 있습니다. 이 결과에 따라 강진의 주기를 계산해 보면 AD 1800년까지는 154년에 한 번씩 강진이 발생했습니다. 1900-2000년 사이에 일어난 진도 7 이상의 강진은 10회 정도로, 10년에 한 번씩 강진이 발생한 셈입니다. 또 2003-2007년까지 5년 동안 일어난 진도 7 이상의 강진은 29회였습니다. 그런데 2008년에는 단 한 해 동안 무려 12회의 강진이 발생했습니다. 평균 한 달에 한 번씩 강진이 일어난 것입니다. 이후에도 2009년에는 16회, 2010년에는 24회의 강진이 발생했습니다. 이 연구 결과를 통해 분명하게 알 수 있는 사실은 강진의 발생 주기가 점점 더 빨라지고 있다는 것입니다.

세상이 흔들리는 이유

그렇다면 도대체 왜 이런 일이 일어나는 것일까요? 데살로니가전서 5장 3절에는 예수님께서 다시 오실 때에 관한 말씀이 나옵니다.

> 그들이 평안하다, 안전하다 할 그 때에 임신한 여자에
> 게 해산의 고통이 이름과 같이 멸망이 갑자기 그들에게
> 이르리니 결코 피하지 못하리라(살전 5:3)

이 말씀은 주님께서 다시 오셔서 모든 것을 심판하시고 세상 만물과 믿는 자들을 구원하실 때까지 일어나게 될 여러 가지 어려움을 임신한 여자가 아기를 낳기 위해 겪는 진통에 비유하고 있습니다. 아기를 낳아본 어머니들은 누구보다 이 고통을 잘 알고 있습니다. 출산이 임박해지면 진통의 주기가 점점 더 빨라지고 그 강도도 점점 더 강해집니다. 그러나 이것은 이상한 일이 아닙니다. 새로운 생명이 탄생하기 전에 나타나는 현상입니다. 산모는 새 생명에 대한 소망이 있기에 죽을 만큼 힘든 진통을 끝까지 견뎌냅니다.

이 세상의 만물도 새 하늘과 새 땅을 낳기 위해 더 많은 진통을 겪고 흔들리게 됩니다. 다만 이 진동은 범지구적 규모로 진행되기 때문에 시집가고 장가가고 먹고사느라 분주한 사람들에게는 자신에게 그런 일이 일어나지 않는 이상 그리 피부에 와 닿지 않을 것입니다. 그럼에도 이 진동의 주기는 분명 점점 더 빨라질 것이고 진통의 강도도 점점 더 강해질 것입니다. 땅만 흔들리는 것이 아닙니다. 하늘도 흔들릴 것이고 세상의 모든 것이 흔들릴 것입니

다. 가정, 교회, 믿음, 도덕, 가치관, 법, 정치, 경제, 안보 등 모든 것이 진통하고 흔들릴 것입니다. 이것은 심판의 주로 오시는 예수 그리스도를 통하여 얻는 새로운 세상, 즉 새 생명을 얻기 위한 구원의 진통입니다.

이와 같은 창조주 하나님의 뜻을 진리의 성령과 성경 말씀을 통하여 깨닫는 성도들은 세상의 진통이 점점 더 강해져도 끝까지 견딜 수 있습니다. 주님은 우리에게 이렇게 권면하십니다.

그러나 끝까지 견디는 자는 구원을 얻으리라(마 24:13)

지구 전체가 몸살을 앓고 진통하는 이유는 다시 오실 구세주 예수 그리스도를 통하여 새 하늘과 새 땅이라는 새 생명이 태어날 때가 임박했기 때문입니다. 이 세상에 존재하는 죄의 세력이 완전한 심판을 받고 하나님의 통치가 온전히 실현되는 하나님 나라가 열리기 위해서는 반드시 고난과 진통을 통과해야만 합니다.

두려워서 미혹되는 사람들

전세계가 점점 더 많이 흔들리고 진통하게 되면 사람들의 마음도 흔들릴 것입니다. 그 결과 두려움, 근심, 염려가 커질 것입니다. 심리학자들의 연구에 의하면 사람에 따라 다르기는 하지만 현대인들에게는 약 75가지의 공포증 (phobia)이 있다고 합니다. 예를 들면 높은 곳을 두려워하는 '고소 공포증', 낮은 곳을 두려워하는 '저소 공포증', 전쟁이 일어날까봐 두려워하는 '전쟁 공포증', 새로운 것은 무조건 싫어하는 '새것 공 포증' 등이 있습니다. 앞으로는 이와 같은 두려움과 염려의 종류 가 점점 더 늘어날 것입니다.

그런가하면 사람들이 두려움으로 흔들릴 때 이들의 마음을 미 혹하고 빼앗아가는 세력들도 더 많이 생겨날 것입니다. 마치 틈새 시장을 노리는 약삭빠른 상인들처럼 이단 사이비, 온갖 유사 종 교, 철학과 가르침들, 과학 기술들이 넘쳐날 것입니다. 그들은 사 람들이 염려하는 문제에 관해 나름대로 그럴 듯한 대안들을 제시 할 것입니다. 이를테면 '새로운 세계질서가 필요하다', '수련을 통 해 새로운 시대의 초인이 되어야 한다', '그동안 미확인된 신비한 누군가가 하늘에서 나타난다', '새로운 하늘이 열리고 미래 오만 년의 새 역사가 시작된다' 등과 같은 거짓 메시지로 사람들의 마 음을 현혹시킬 것입니다. 수많은 사람들은 가짜 구원의 가르침들 에 미혹될 것입니다.

거짓 그리스도들과 거짓 선지자들이 일어나 큰 표적과
기사를 보여 할 수만 있으면 택하신 자들도 미혹하리라
(마 24:24)

심지어 교회 안에서도 소위 은사가 있다는 사람들로부터 예언을 받고, 계시를 받고, 기도를 받다가 실족하여 넘어지는 성도들이 생겨날 것입니다. 성도들을 미혹시키는 거짓 기적과 치유의 능력들이 나타날 것입니다. 마태복음 24장 24절 말씀은 이때에 성도들이 절대 미혹당해서는 안 된다는 주님의 경고의 메시지입니다.

또 성경은 이 모든 미혹과 속임수의 배후에 온 천하의 사람들을 꾀는 거짓의 아비가 있다고 계시하고 있습니다.

> 너희는 너희 아비 마귀에게서 났으니 너희 아비의 욕심을 너희도 행하고자 하느니라 저는 처음부터 살인한 자요 진리가 그 속에 없으므로 진리에 서지 못하고 거짓을 말할 때마다 제 것으로 말하나니 이는 저가 거짓말쟁이요 거짓의 아비가 되었음이니라(요 8:44)

> 큰 용이 내어 쫓기니 옛 뱀 곧 마귀라고도 하고 사단이라고도 하는 온 천하를 꾀는 자라 땅으로 내어 쫓기니 그의 사자들도 저와 함께 내어 쫓기니라(계 12:9)

히브리서 12장 25-29절 본문도 이와 같은 고난, 해산의 진통, 흔들림에 관해 다루고 있습니다. 이 말씀의 배경은 다음과 같습니다. 초대교회 성도들 중 이방인 교회의 성도들은 처음부터 심한 핍박을 받았던 것은 아니었습니다. 물론 유대 율법주의자들의 방해가 있었지만 그렇게 심각한 수준은 아니었습니다. 또 사실상 당시 세계를 지배하고 있던 패권국가 로마의 정책도 처음에는 상당히 너그러웠습니다. 그들은 모든 종교에 대해 관대했습니다. 그러나 시간이 지나면서 상황이 달라졌습니다. 예수를 믿는 유대인들이 차츰 늘어나자 유대 율법주의자들의 교회에 대한 반감은 점점 더 깊어졌습니다.

로마 당국도 마찬가지입니다. 교회와 성도들의 영향력이 강해지기 시작하자 그들은 달라졌습니다. 그들은 로마 황제 숭배를 거부하는 교회와 성도들을 자신들의 체제에 저항하는 불순 세력으로 간주하며 교회를 모질게 핍박했습니다. 이처럼 고난과 진통이 점점 더 심해지자 성도들의 믿음도 흔들리기 시작합니다. '과연 이런 상황에서 예수를 믿고 따르는 것이 옳은 일인가?', '기도를 많이 하는데도 왜 고난과 진통은 사라지지 않는가?'와 같은 의심이 들솟았습니다.

그 결과 핍박과 고난의 상황 속에서 믿음을 포기하려는 성도들이 생기기 시작했습니다. 히브리서 저자는 이와 같은 위기에 놓인 성도들에게 흔들리지 말고 믿음을 굳게 지키자고 편지를 썼습니다. 비록 고난과 진통이 있을지라도 예수 그리스도를 믿음으로 흔들리지 않는 나라에 대한 소망을 굳게 붙들라고 권면한 것입니다.

해산을 위한
진통

히브리서 12장 18-21절은 출애굽기와 신명기에서 모세와 이스라엘 백성들이 시내산 앞에 섰을 때의 이야기를 다루고 있으며, 22-24절은 다시 오실 예수 그리스도께서 시온산에 서실 때 온전히 드러날 영원한 하나님 나라의 모습, 하늘의 새 예루살렘을 묘사하고 있습니다. 그런데 본문 26절에는 다음과 같은 말씀이 나옵니다.

> 그 때에는 그 소리가 땅을 진동하였거니와 이제는 약속하여 이르시되 내가 또 한 번 땅만 아니라 하늘도 진동하리라 하셨느니라(히 12:26)

구약 시대에 출애굽 한 이스라엘 백성들이 모세와 함께 시내산에 섰을 때 땅이 진동했습니다. 출애굽기 19장 16절에는 하나님의 장엄한 영광이 시내산에 나타날 때 일어난 여러 가지 자연 현상이 묘사되고 있습니다. 바로 우레와 번개, 나팔 소리, 연기, 산이 크게 진동하는 것 등입니다. 우리는 이 말씀을 통해 예수 그리스도께서 영광 가운데 심판의 주요, 구원의 주로 다시 오실 때에 해산을 위한 진통으로 나타날 여러 가지 자연 현상을 짐작해 볼 수 있습니다. 그것은 땅뿐 아니라 하늘도 진동하게 되는 일입니다. 마태복음 24장 29절은 해산을 위한 진통의 시기에 하늘의 권능들이 흔들릴 것이라고 설명하고 있습니다.

> 그 날 환난 후에 즉시 해가 어두워지며 달이 빛을 내지
> 아니하며 별들이 하늘에서 떨어지며 하늘의 권능들이
> 흔들리리라(마 24:29)

그리고 본문 히브리서 12장 27절은 이 세상의 모든 것이 점점 더 많이 흔들리는 이유에 대해서 이렇게 설명하고 있습니다.

> 이 또 한 번이라 하심은 진동하지 아니하는 것을 영존
> 하게 하기 위하여 진동할 것들 곧 만드신 것들이 변동
> 될 것을 나타내심이라(마 12:27)

이 말씀은 영원히 흔들리지 아니하시는 하나님과 하나님의 나라를 드러내기 위하여 세상의 모든 피조물이 흔들리도록 허락하신다는 의미입니다.

흔들리지 않는 굳건한 나라

이제 히브리서의 저자는 고난과 핍박으로 흔들리는 초대교회 성도들, 특히 유대인 성도들을 향하

여 흔들리지 않는 나라를 믿음으로 받았다는 사실을 굳게 붙들라고 강하게 권면합니다.

> 그러므로 우리가 흔들리지 않는 나라를 받았은즉 은혜를 받자 이로 말미암아 경건함과 두려움으로 하나님을 기쁘시게 섬길지니 우리 하나님은 소멸하는 불이심이라(히 12:28-29)

하나님의 통치를 거부하는 것들은 때가 되면 모두 흔들릴 것이며 질그릇처럼 깨어질 것입니다. 하나님께서는 노아의 때에 극악해진 세상을 물로 심판하셨습니다. 그리고 주님께서 다시 오실 때에는 하나님의 뜻을 거부하고 대적하는 자들을 불로 심판하실 것입니다. 이것은 마치 도자기 장인이 마음에 들지 않는 그릇을 망치로 깨뜨린 다음 다시 불로 구워서 새로운 그릇을 만드는 것과 같은 이치입니다. 그리하여 새 하늘과 새 땅이라는 새로운 도자기가 만들어지는 것입니다.

신학자 모리스는 "흔들리지 않는 나라는 최종적인 하나님의 통치가 실현되는 실체로서 성도들에게 주어지는 하나님의 최고의 선물"이라고 했습니다. 이처럼 예수 그리스도의 나라는 세상이 흔들리는 가운데서도 흔들리지 않는 나라입니다. 천국의 핵심은 바로 예수 그리스도입니다. 예수 그리스도가 천국의 기초요, 알파와 오메가이십니다.

또 여기 있다 저기 있다고도 못하리니 하나님의 나라는
너희 안에 있느니라(눅 17:21)

먼저 이 나라는 '주님을 믿는 성도 안에 세워지는 심령의 천국을 의미합니다. 그러나 이 말씀을 좀 더 확장해서 해석하면 천국은 '성도들의 심령 가운데 있는 살아계신 예수 그리스도'라는 뜻입니다.

우리는 세상이 점점 더 흔들리게 될 때 우리의 심령에 영으로 거하시는 예수 그리스도를 굳게 붙들어야 합니다(롬 8:9). 에베소서 3장 17절 말씀처럼 굳센 믿음으로 그리스도께서 여러분의 심령 안에 살아계심을 확신할 수 있어야 합니다. 우리의 심령에 임한 심령 천국, 그리스도의 나라를 결코 빼앗기지 않아야 합니다.

믿음으로 말미암아 그리스도께서 너희 마음에 계시게
하시옵고(엡 3:17)

우리는 우리의 심령과 삶을 흔드는 일들이 일어나는 것을 이상하게 여기지 말고, 믿음으로 흔들리지 않는 견고한 반석 위에 서야 합니다. 모든 일이 진리의 성경 말씀대로 이루어지고 있기 때문입니다.

사랑하는 자들아 너희를 연단하려고 오는 불 시험을 이
상한 일 당하는 것 같이 이상히 여기지 말고(벧전 4:12)

먼저 이 말씀은 세상이 흔들릴 때 이 세상의 유한한 것들을 붙들지 말고 영원토록 흔들리지 아니하시는 주님을 붙들라는, 하나님을 믿지 않는 사람들을 향한 경고의 메시지입니다. 그리고 동시에 믿는 자들을 향한 메시지이기도 합니다. 주님께서는 마치 농부가 추수할 때 알곡과 가라지를 가려내기 위해 키질을 하는 것처럼 세상의 흔들림과 진동을 통해 알곡과 같은 참된 성도들을 가려내실 것입니다.

앞으로는 성도들 간에 서로를 의심하고 두려워하는 일들이 점점 더 많아질 것입니다. 심지어 하나님의 뜻을 오해하여 주님을 원망하고 나아가서는 그분을 대적하는 거짓 성도들도 일어날 것입니다. 믿음에서 떠나 세상과 육신의 일을 따라가는 사람들이 생겨날 것입니다. 이와 같은 일들을 겪을 때는 이상한 일을 당한다고 생각하지 말고, '아, 하나님께서 흔들고 계시는구나! 키질을 하시는구나! 나는 알곡이 되어야지!'라며 더욱 굳센 믿음을 결단해야 합니다.

상속 받을 자와 형벌 받을 자

요한계시록 21장 7-8절에서는 새 하늘과 새 땅을 상속받을 자들과 영원한 형벌을 받을 자들에 대해 설명하고 있습니다.

이기는 자는 이것들을 상속으로 받으리라 나는 그의 하나님이 되고 그는 내 아들이 되리라 그러나 두려워하는 자들과 믿지 아니하는 자들과 흉악한 자들과 살인자들과 음행하는 자들과 점술가들과 우상 숭배자들과 거짓말하는 모든 자들은 불과 유황으로 타는 못에 던져지리니 이것이 둘째 사망이라(계 21:7-8)

이기는 자들은 하나님 나라의 모든 유업을 상속받게 될 것입니다. 그런가 하면 영원한 형벌로 나아갈 사람들도 소개되고 있습니다. 놀라운 사실은 '두려워하는 자들과 믿지 아니하는 자들'이라는 표현이 나온다는 것입니다. 여러 가지로 해석할 수 있겠지만 성도들 중에서도 하나님의 뜻을 온전히 깨닫지 못해서 두려워하는 자들, 믿는다고 하면서도 실제로는 전심으로 믿고 순종하지 아니하는 자들을 의미한다고 보면 될 것입니다. 하나님께서는 세상의 흔들림과 진동을 통하여 알곡, 즉 참된 성도를 가려내실 것입니다.

마지막 때에 임하는 커다란 재앙과 심판 가운데서도 많은 사람들은 이를 갈며 사랑이신 하나님을 대적하고 원망할 것입니다. 마지막 때에 스스로 자신의 발등을 찍으며 사탄과 함께 하나님의 말씀을 거역하고 믿지 않는 사람들은 어떤 결말을 맞이하게 될까요? 그들은 창세 이래 모든 사람과 만물의 증거들이 남김없이 보전되어 낱낱이 공개되는 우주의 재판정에서 최종 재판관이신 하나님 앞에서 결단코 자신의 죄를 변명할 수 없다는 사실을 깨달아야 합니다. 그럼에도 사랑이신 하나님 아버지께서는 원수가 된 자식들조차도 모두 구원 받기를 간절히 원하십니다. 이 세상의 모든 사람은 예외 없이 우주의 최고 법정에서 생명의 피로 변호해 주시는 변호인, 예수 그리스도가 필요합니다.

주님 다시
오실 때까지

우리는 언제나 흔드는 자, 도적질하고 죽이고 멸망시키려는 자를 기억해야 합니다. 사탄은 끊임없이 이간질하고 거짓말하고 참소하여 격동하게 하는 자입니다. 죄로 인해 멸망할 수밖에 없는 이 세상은 하나님께서 완전한 지혜로 공의와 사랑을 조율하여 다스리심으로 그나마 이 정도로 지탱되고 유지되고 있습니다. 사탄은 하나님 나라를 흔들어 깨뜨림으로써 자신이 하나님이자 왕이 되어 통치하는 세상을 꿈꿉니다. 그러나 전능하신 하나님은 이와 같은 사탄의 역사를 비웃으시며 고차원적인 전략을 사용하십니다. 주님은 이 세상을 자유자재로 다스리시면서 한편으로는 악을 심판하시고, 다른 한편으로는 은혜를 베풀어 구원을 이루어 가고 계시는 것입니다.

어찌하여 이방 나라들이 분노하며 민족들이 헛된 일을

꾸미는가 세상의 군왕들이 나서며 관원들이 서로 꾀하여 여호와와 그의 기름부음 받은 자를 대적하며 우리가 그들의 맨 것을 끊고 그의 결박을 벗어 버리자 하는도다 하늘에 계신 이가 웃으심이여 주께서 그들을 비웃으시리로다(시 2:1-4)

이 세상을 영원한 터전으로 굳게 믿고 있는 사람들은 하나님의 경고를 무시하고 조롱하며 때로는 경멸하고 대적하기까지 합니다. 그들은 "세상이 이렇게도 멀쩡히 잘 돌아가고 있는데 왜 그렇게 호들갑을 떠는 거지? 전쟁이나 전염병, 자연재해는 지금까지도 늘 있어왔잖아!"라고 말하면서 육신의 만족과 안전을 좇으며 살아갑니다. 노아의 때와 같이, 주님께서 다시 오시는 심판의 날까지도 이 세상 사람들은 시집 장가를 가고, 축제를 즐기고, 스포츠, 영화, 드라마에 몰두하고, 해외여행을 다니고, 직장 생활을 하는 등 일상생활을 계속할 것입니다. 믿음의 성도들이 더욱 밝은 빛을 비추며 하나님의 영광을 드러내고 있을 때, 다른 한편에서는 마음이 점점 더 어두워져 극악해지는 사람들이 늘어날 것입니다.

그렇다면 이 세상은 언제까지 크게 흔들리게 될까요? 하나님은 언제까지 참고 기다리실까요? 바로 죄악이 세상에 가득 찰 때입니다. 이것은 마치 쓰레기통에 쓰레기가 가득 차면 비우는 것과 같습니다. 이 세상이 죄악으로 가득 차 모든 것이 크게 흔들릴 때, 주님께서 다시 오셔서 영원히 흔들리지 않는 나라를 세우실 것입니다.

굳건한 반석,
예수 그리스도

우리는 모든 것이 너무도 빠르게 변하는 시대를 살고 있습니다. 이러한 시대에 강하고 담대하게 승리하며 나아갈 수 있는 비결은 무엇일까요? 결단코 변하지 않으시는 예수 그리스도를 더욱더 붙잡는 것입니다.

예수 그리스도는 어제나 오늘이나 영원토록 동일하시니라(히 13:8)

조금만 주의 깊게 살펴보면 빠르게 변화되는 이 세상의 모든 것이 흔들리고 있다는 것을 알 수 있습니다. 이 진동은 자연과 만물이 흔들리는 것만을 의미하는 것이 아닙니다. 우리 삶의 모든 영역이 흔들리며 요동치고 있습니다. 우리는 세상의 흔들림을 이겨내기 위해 영원토록 흔들리지 않는 굳건한 반석이신 주님을 더 깊이 알아가야 합니다. 이 세상에 많은 도전과 변화와 저항과 흔들림이 있더라도 하나님을 아는 백성은 흔들리지 않고 담대하게 나아갈 수 있습니다.

오직 자기의 하나님을 아는 백성은 강하여 용맹을 떨치리라(단 11:32)

사랑하는 여러분, 우리나라에는 '호랑이에게 물려 가도 정신만 차리면 산다'는 속담이 있습니다. 주님은 우리에게 해산의 때가 가까워 세상의 모든 것이 더 많이 흔들릴수록 깨어 기도하라고 말씀하십니다.

그러므로 우리는 다른 이들과 같이 자지 말고 오직 깨어 정신을 차릴지라(살전 5:6)

앞으로 대한민국의 모든 교회에 '새벽별 보기 운동'이 일어나면 좋겠습니다. 시대적으로 어둠이 깊어갈 때 영적으로 분별함으로 새벽을 깨우고 영혼을 깨워 영원한 영광의 빛이요, 광명한 새벽별이 되시는 주님을 전심으로 찾기를 소망합니다. 바로 그때 주님께서는 흔들리는 위기 가운데서도 우리 모두에게 살 길을 보여주시고, 더 나아가 영광스러운 승리의 길을 열어주실 것입니다.

04 열두
물맷돌

깨어있음

로마서 13장 11-14절

또한 너희가 이 시기를 알거니와 자다가 깰 때가 벌써 되었으니 이는 이제 우리의 구원이 처음 믿을 때보다 가까웠음이라 밤이 깊고 낮이 가까웠으니 그러므로 우리가 어둠의 일을 벗고 빛의 갑옷을 입자 낮에와 같이 단정히 행하고 방탕하거나 술 취하지 말며 음란하거나 호색하지 말며 다투거나 시기하지 말고 오직 주 예수 그리스도로 옷 입고 정욕을 위하여 육신의 일을 도모하지 말라

자다가
깰 때

로마서 13장 11-14절 본문은 때에 관하여 다루고 있습니다. 이 말씀을 한마디로 요약하면 '때를 분별하여 때에 맞는 삶을 살라!'입니다. 때를 분별하지 못하면 세상에서 승리하는 지혜로운 삶을 살 수 없기 때문입니다.

> 또한 너희가 이 시기를 알거니와 자다가 깰 때가 벌써 되었으니 이는 이제 우리의 구원이 처음 믿을 때보다 가까웠음이라(롬 13:11)

사도 바울은 2,000년 전 로마 교회 성도들에게 이 편지를 보내면서 "이제 자다가 깰 때가 되었다"고 말했습니다. 그 이유는 구원이 처음 믿을 때보다 가까워졌기 때문입니다. 이 말씀에 나타나는 구원은, 믿음으로 구원을 받았다는 의미의 '과거적 구원'과 제한적이지만 지금도 구원의 능력을 믿음으로 누리고 있다는 '현재적 구원'을 넘어서 예수 그리스도께서 심판의 주로 다시 오심으로 완성될 '미래적 구원'을 뜻하고 있습니다. 구원의 때를 이러한 의미에서 다시 살펴볼까요? 믿음으로 소망하고 있는 구원의 완성의 때는 이 편지가 기록된 당시로부터 2,000년이 지난 지금, 우리에게 더욱 가까워졌습니다. 여러분이 영적으로 깨어서 세상을 살펴본다면 주님께서 다시 오실 여러 가지 징조를 곳곳에서 찾아볼 수 있을 것입니다. 예수님은 마태복음 16장 2-3절에서 표적을 보여달라는 유대 종교 지도자들에게 이렇게 말씀하셨습니다.

> 예수께서 대답하여 이르시되 너희가 저녁에 하늘이 붉으면 날이 좋겠다 하고 아침에 하늘이 붉고 흐리면 오늘은 날이 궂겠다 하나니 너희가 날씨는 분별할 줄 알면서 시대의 표적은 분별할 수 없느냐(마 16:2-3)

주님은 하늘을 보고 날씨를 분별할 수 있듯이 시대의 상황을 보고 때를 분별하라고 말씀하셨습니다. 또 지혜의 왕 솔로몬은 이런 말을 했습니다.

> 범사에 기한이 있고 천하만사가 다 때가 있나니(전 3:1)

신구약 성경을 살펴보면 하나님께서는 매우 놀라울 정도로 스스로 작정하신 때를 따라 일하심을 알 수 있습니다. 예를 들어 하나님은 남유다 왕국의 범죄로 그 백성들이 바벨론에 포로로 잡혀가는 기간을 70년으로 설정해 두셨습니다. 이 기간은 국제적 역학관계 속에서 우연히 결정된 것이 아닙니다. 역사의 주관자이신 하나님께서 자신이 계획하신 시간표대로 역사를 움직이셨습니다. 주님은 모든 때의 주인이십니다. 이런 의미에서 본문을 다시 살펴보면 지금은 이미 자다가 깨어 있어야 마땅한 때입니다.

때를 분별하는 것은 이 세상에서 성공적인 삶을 누릴 수 있는 필수적 요소이기도 합니다. 즉 타이밍을 잘 아는 것이 중요합니다. 농사도 때를 잘 알아야 합니다. 파종할 때, 제초할 때, 비료와 농약을 사용할 때, 추수할 때 등 정확한 때를 알아야 수확을 많이 할 수 있습니다. 고기를 잡는 어부에게도 타이밍이 중요합니다. 밀물과 썰물의 때, 물고기가 이동하는 때를 알아야 더 많은 물고기를 잡을 수 있습니다. 정치도 마찬가지입니다. 시대적 상황을 잘 분별해야 나라가 발전하고 부강해질 수 있습니다. 때에 맞는 외교, 때에 맞는 안보가 필요한 것입니다.

신앙생활도 때의 변화를 잘 분별해야 승리할 수 있습니다. 하나님은 우리에게 "때를 분별하라!", "깨어 있으라!", "정신을 차리라!"고 반복적으로 말씀하고 계십니다. 그 이유는 때를 분별하는 일에 우리의 영원한 생명이 달려 있기 때문입니다. 이런 중차대한 문제를 두고 꾸벅꾸벅 졸거나 깊은 잠에 빠져 있다면 얼마나 답답

한 노릇입니까? 예를 들어 적들이 눈앞에서 웃고 있는데도 군인들이 술에 취해 정신을 잃고 깊이 잠들어 있다면 어떤 일이 벌어질까요? 당연히 적에게 패하여 비참하게 망할 것입니다. 깨어 있는 성도, 깨어 있는 교회, 깨어 있는 나라만이 어둠과 혼란 속에서도 패망하지 않고 살 길을 찾고 영광스러운 승리를 취할 수 있습니다. 그러므로 우리는 영적으로 깨어서 때를 분별해야 합니다.

전쟁의 성패의 기본을 누구보다도 잘 알았던 20세기의 명장 맥아더 장군은 "작전에 실패한 군인은 용서할 수 있어도 경계에 실패한 군인은 용서할 수 없다"고 말했습니다. 이 메시지는 그리스도의 군사인 성도들에게도 적용할 수 있을 것입니다.

영적으로 잠들지 않고 깨어 있었던 노아와 그 가족들은 구원의 방주에 들어감으로 '물 심판'에서 살아남을 수 있었습니다. 그러나 죄악의 깊은 잠에 빠졌던 노아 시대의 사람들은 때를 분별하지 못하고 모두 심판을 받아 죽었습니다. 이러한 심판은 하나님의 잘못이 아닙니다. 하나님은 언제나 구원의 길을 제시하십니다. 문제는 영적으로 깨어 구원의 길로 나아가지 않는 사람들에게 있습니다. 성경에 계시되었듯이 지금은 주님께서 다시 오셔서 행하실 '불 심판'의 때가 더욱 가까워졌습니다. 노아 시대와 마찬가지로 주님께서 다시 오실 그날에도 영적으로 깨어 있는 사람들은 구원의 길로 나아가게 될 것입니다. 하나님께서 예비하신 구원의 방주이신 예수 그리스도를 믿는 자들은 모두 구원 받게 될 것입니다.

모세와 함께 출애굽하여 광야를 행진하는 이스라엘 백성들은 가고 멈추는 타이밍을 자신들 마음대로 정하지 않았습니다. 그들은 자기의 생각과 고집을 따르지 않고, 철저하게 하나님 중심으로 가고 또 멈추었습니다. 그들은 하나님 영광의 임재를 상징하는 구름이 성막 위에 머물면 멈추었고, 구름이 떠오르면 다시 이동했습니다. 구름기둥이 성막 위에 계속 머물러 있으면 6개월이고 1년이고 멈추어 섰습니다. 이스라엘 백성들은 자신들의 뜻이 아닌 하나님의 뜻을 따라 행진했습니다. 지혜로운 성도는 하나님 중심의 타이밍을 분별하고 따를 줄 아는 사람입니다.

어둠이
짙어질 때

바울은 본문 12절에서 당시의 때를 이렇게 분별하고 있습니다.

밤이 깊고 낮이 가까웠으니(롬 13:12)

여기에서 '밤이 깊다'라는 표현에 대한 헬라어 원문의 직접적인 의미는 '밤이 거의 다 지나갔으니'라는 뜻입니다. 밤이 점점 깊어져 간다는 것은 밤이 거의 다 지나가고 아침이 밝아올 때가 가까워지고 있다는 말입니다. 다시 말해서 시대적으로 어둡고 힘든 면만 바라보면 두려움과 근심에 빠지지만, 깊은 밤이 지난 뒤 열리게 될 밝은 아침을 기대하는 사람은 화사하고 따사로운 빛을 기다리며 소망 가운데 살아갈 수 있는 것입니다. 주님께서는 성경의 마지막 책인 요한계시록의 마지막 장에서 자신을 '광명한 새벽별'이라고 말씀하셨습니다.

> 나는 다윗의 뿌리요 자손이니 곧 광명한 새벽별이라 하
> 시더라(계 22:16)

이 말씀의 의미는 역사의 어둠이 가장 깊을 때 영광의 하나님 나라를 여시며 영원토록 빛나는 구원의 별이 바로 예수님이시라는 뜻입니다. 예수님은 죄악의 짙은 어둠을 물리치시고 심판하신 후에 하나님 나라를 여실 밝은 빛이십니다. 그러므로 우리는 인류의 역사가 가장 어두운 순간이 주님께서 다시 오실 때라는 것을 기억해야 합니다.

요한계시록 12장 7-11절 말씀은 그리스도의 지상군이라고 할 수 있는 신실한 성도들의 선한 싸움으로, 공중 권세 잡은 용과 그의 사자들이 그리스도의 천군들과 싸워 이기지 못하고 하늘에서 쫓겨나 땅으로 떨어질 것을 계시하고 있습니다. 이때 순종의 선한 행실로 거룩한 세마포 옷을 예비한 그리스도의 신실한 신부들은 하늘에서 어린양 예수 그리스도와의 혼인 잔치에 참여하게 되지만, 이 잔치에 참여하지 못하고 땅에 남은 성도들과 믿지 않는 사람들에게는 화가 있을 것이라고 예언하고 있습니다.

그러므로 하늘과 그 가운데 거하는 자들은 즐거워하라
그러나 땅과 바다는 화 있을진저 이는 마귀가 자기의
때가 얼마 남지 않은 줄을 알므로 크게 분 내어 너희에
게 내려갔음이라 하더라(계 12:12)

우리가 즐거워하고 크게 기뻐하며 그에게 영광을 돌리
세 어린 양의 혼인 기약이 이르렀고 그의 아내가 자신
을 준비하였으므로 그에게 빛나고 깨끗한 세마포 옷을
입도록 허락하셨으니 이 세마포 옷은 성도들의 옳은 행
실이로다 하더라 천사가 내게 말하기를 기록하라 어린
양의 혼인 잔치에 청함을 받은 자들은 복이 있도다 하
고 또 내게 말하되 이것은 하나님의 참되신 말씀이라
하기로(계 19:7-9)

우리는 역사적으로 밤이 가장 깊을 때는 바로 밝은 아침이 가까
이 올 때라는 것을 기억하고 깨어 분별해야 합니다. 분명 역사의
밝은 아침은 광명한 새벽별이신 예수 그리스도로 말미암아 열리
게 될 것입니다.

어둠의 때의
징표

본문 13절은 어둠의 때에 나타나는 여러 가지 징표를 증거하고 있습니다.

> 낮에와 같이 단정히 행하고 방탕하거나 술 취하지 말
> 며 음란하거나 호색하지 말며 다투거나 시기하지 말고
> (롬 13:13)

방탕, 술 취함, 음란, 호색, 다툼, 시기 등은 어둠을 대표하는 징표들입니다. 물론 이외에도 여러 가지 어둠의 일들이 있겠지만, 그중에서 대표적인 몇 가지를 언급해 놓은 것입니다. 이러한 어둠의 일들 중에서도 가장 대표적인 것은 음란일 것입니다.

세계의 문명과 역사들을 깊이 들여다보면 음란으로 말미암아 망하게 된 나라들이 많았다는 것을 알 수 있습니다. 세계적인 영국의 역사학자 에드워드 기븐(Edward Gibbon)은 그의 저서 『로마 제국멸망사』에서 로마 제국이 멸망한 원인 중 한 가지로, 음란으로 인한 가정의 몰락을 지적했습니다. 당시 로마 국민들은 육체의 정욕에 중독되어 성적 쾌락에 집착하였고 이것은 건강한 가정의 근간을 송두리째 뒤흔들어 놓았습니다. 음란이라는 타락한 정신은 로마인들의 가정을 점차 몰락시켰고 이로써 점점 국력이 쇠약해진 로마 제국은 게르만의 침략으로 속절없이 패망하고 말았

습니다. 로마 제국이 멸망한 이유는 국방력, 군사력, 경제력이 약화되었기 때문이 아니라 지도자들과 국민들의 타락한 정신 상태와 썩고 부패한 심령 때문이었습니다. 우리는 오늘날에도 음란이라는 어둠의 정신이 가정의 근간을 깨뜨리기 위해 우리 사회를 위협하고 있다는 사실을 영적으로 깨어 분별해야 합니다.

우리나라의 개신교와 가톨릭 인구를 합치면 그 수가 전 국민의 25%는 될 것입니다. 여기에 불교, 유교, 각종 전통 종교 인구를 모두 합치면 어마어마한 숫자가 될 것입니다. 한마디로 우리나라는 매우 종교적인 나라입니다. 그런데도 몇 년 전 통계에 따르면 국내의 매춘 여성의 수는 약 110만 명쯤 된다고 합니다. 우리나라 20대에서 50대 여성 열 명 중 한 명꼴인 셈입니다. 이토록 종교적인 나라에서 육체의 쾌락을 추구하는 향락 산업에 종사하는 여성들이 이토록 많다는 것은 참으로 모순이 아닐 수 없습니다.

이처럼 예나 지금이나 성(性)은 쾌락을 파는 수익성 좋은 상업적 도구로 세상에 깊이 뿌리를 내리고 있습니다. 게다가 지금은 상상을 초월하는 인터넷 정보 통신 기술의 발달로 스마트폰 하나만 있으면 눈 깜짝할 사이에 전세계적인 음란 네트워크의 바다에 풍덩 빠져들 수 있습니다. 세상은 악하고 음란한 문화를 점점 더 많은 사람들에게, 특히 나라의 미래를 열어갈 다음 세대에게 권하고 있습니다. 음란의 죄가 가득차고 넘치게 되는 사회의 끝에는 과연 어떤 일이 기다리고 있을까요? 만약 교회와 지도자와 국민들이 "이런 일들은 단지 세상의 풍조요, 대세일 뿐"이라며 침묵하고 수수방관한다면 수십 년 뒤에는 어떤 일이 일어날까요?

창세기 6장은 홍수 심판이 있기 전에 사람들이 극도로 타락해가는 모습을 언급하고 있습니다. 바로 성적 타락과 방종이었습니다. 창세기 9장 18절 이하를 보면 홍수 심판에서 구원받은 노아가 농사를 지으면서 살아가다가 포도주를 마시고 취하여 자신의 하체, 즉 생식기를 드러내는 사건이 나옵니다. 이때 노아의 아들들 중 함은 노아의 생식기를 보고 밖으로 나가서 자신의 두 형제 셈과 야벳에게 알립니다. 이 일을 알게 된 노아는 격노하였습니다. 그런데 노아는 그 저주를 함에게 돌리지 않고, 함의 아들인 가나안과 그의 후손들에게 돌립니다. 가나안과 그의 후손들이 셈과 야벳의 후손들의 노예로 살 것이라는 저주였습니다. 노아의 저주대로 함의 후손들은 역사적으로 노예의 삶을 살았습니다.

어떤 분들은 '자신의 생식기를 좀 보았기로서니 손자와 그 후손들에게까지 저주를 퍼붓는 아버지가 어디 있을까?'라고 생각할 수 있습니다. 또 성경학자들은 함이 아버지의 하체를 보았다고 할 때의 '보다'라는 단어의 의미가 '자세히 관찰하다', '어떤 동기와 충동을 가지고 보았다'는 뜻이라고 설명하기도 합니다. 그러나 여기에서 우리는 이 모든 저주의 근본적인 원인이 바로 노아에게 있다는 사실에 집중해야 합니다. 구원의 방주를 지을 당시의 노아는 영적 긴장감을 늦추지 않았습니다. 하지만 중대한 사명이 끝난 뒤 그는 술에 취해 하체를 드러내는 성적 방종의 죄를 범하고 말았습니다. 영적 긴장감을 늦추는 순간 타락하는 것은 시간문제인 것입니다.

폭력과 음란의 땅이었던 소돔과 고모라는 하나님의 진노로 하늘에서 유황과 불이 떨어지는 심판을 받아 진멸되었습니다. 창세기 19장 29절 이하를 보면 아브라함 덕분에 소돔과 고모라의 멸망에서 겨우 탈출한 롯과 두 딸은 산으로 올라가 굴속에서 살아갑니다. 그런데 신앙 교육을 제대로 받지 못한 롯의 두 딸은 자신들에게 배필이 될 사람이 없으니 후손을 이어갈 수 없다면서 아버지에게 술을 잔뜩 마시게 합니다. 그녀들은 술에 취한 아버지와 동침하는 가증한 짓을 벌입니다. 롯은 만취하여 자신이 두 딸과 동침하는 것을 깨닫지 못했습니다. 그 후 롯의 딸들은 자녀를 낳게 되는데 이들의 후손이 바로 하나님의 백성인 이스라엘의 영원한 대적이 되고 있는 모압과 암몬 자손의 조상입니다.

하나님께서는 이스라엘 백성들이 가나안 땅으로 들어가기 전에 모세를 통하여 그들이 그 땅에 들어가서 지켜야 할 율법을 주셨습니다. 이 율법을 자세하게 소개하고 있는 책이 바로 레위기서입니다. 율법의 핵심은 제사법 즉 하나님께 어떻게 예배드려야 하는지에 대한 것입니다. 레위기서는 제사법을 중심으로 여러 가지 생활 규칙을 제시하다가 18장에 이르러서는 소위 성생활과 결혼생활에 대한 법적 지침을 제시합니다. 그 내용은 매우 구체적입니다. 이 성생활의 지침은 부모, 조부모, 자녀, 손자손녀, 일가친지들에게까지 적용되고 있습니다. 더 나아가 레위기 18장 23절에서는 "짐승과 교합하는 가증한 일을 하지 말라"고 경고하고 있습니다. 하나님은 그분의 존귀한 형상을 따라 창조하신 인간이 죄악의 끝으로 갈수록 마귀에게 미혹당해 짐승보다 못한 극악한 육체의 쾌락을 탐닉하며 타락하게 될 것임을 내다보셨습니다.

배반하여 팔며 조급하며 자고하며 쾌락을 사랑하기를 하나님 사랑하는 것보다 더하며(딤후 3:4)

하나님께서는 이스라엘 백성들에게 구체적인 성생활과 성윤리의 지침을 주셨습니다. 이스라엘 백성들이 정복하게 될 가나안 땅은 이미 노아에게 저주를 받은 함의 후손인 가나안 족속들의 가증하고 음란한 짓으로 말미암아 더럽혀져 있었습니다. 하나님께서 그들의 악이 극에 달하자 이스라엘 백성들을 통해 그들을 그 땅에서 토하여 내치셨던 것입니다. 다시 말해 주님께서 이스라엘 백성들이 가나안 땅에 들어가기 전에 그들에게 하신 경고는 이런 뜻입니다. "너희가 가나안 땅에 들어가거든 절대로 가나안 족속의 가증하고 음란한 짓을 따라하지 말라. 그렇지 않으면 너희도 저주를 받아 그 약속의 땅, 축복의 땅이 너희를 토하여 내칠 것이다."

육체의 정욕에 눈먼 사람들

지난 20세기 동안 우리에게 기독교 신앙과 선진 문물과 제도를 소개해 주었던 서구 교회와 사회는 오늘날 어떤 모습을 하고 있습니까? 그들은 무한한 자유와 인권이라는 명목 아래 이전에는 상상조차 할 수 없었던 성윤리의 붕괴를 보여주고 있습니다. 그리고 그들의 타락한 성윤리는 한국을 비롯한 아시아로 마치 거대한 파도처럼 밀려오고 있습니다. 이토록 급박한 상황 속에서 우리 민족에게 소망과 비전을 제시해야 할 마지막 보루인 교회와 성도들은 지금 어떤 태도를 보이고 있는지 생각해 보아야 합니다.

소위 선진국이라고 하는 몇몇 나라에서는 개나 고양이와 같은 짐승과 결혼할 수 있는 권한을 합법화하기도 했습니다. 심지어 예쁜 고양이와 잘생긴 개와 결혼하고 싶어 하는 사람들에게 중매해 주는 인터넷 사이트도 있다고 합니다. 개인의 취향에 따른 선택의 자유요, 인권이라는 그럴 듯한 포장으로 짐승과의 관계를 합법화한 것입니다. 물론 이것은 극단적인 사례일 수도 있습니다. 하지만 한국 교회와 성도들이 명심해야 할 점이 있습니다. 바로 우리나라의 성윤리도 한순간에 급속도로 무너질 수 있다는 것입니다.

미국의 기독교 변증가이자 복음주의자 조시 맥도웰(Josh McDowell)은 현재 전세계의 교회, 그중에서도 특히 미국과 구라파 교회가 직면한 가장 큰 문제는 포르노라고 했습니다. 그는 이제 포르노를 보는 연령대가 청소년과 청년을 넘어서서 평균 4-6세의 어린이들도 보기 시작했다면서, 미국의 경우 성도들의 60%가 포르노를 볼 것이라고 추정했습니다. 그중 20-30대는 10명 중 9명이 포르노를 본다고 합니다. 더욱 놀라운 것은 국가별로 포르노 시청에 지출되는 국민 1인당의 비용을 비교 조사한 내용입니다. 조사 결과에 따르면 중국 42달러, 미국 47달러, 오스트리아 123달러, 일본 178달러, 한국 565달러라고 합니다. 우리나라 국민이 포르노 시청에 지출하는 비용이 미국의 10배가 넘습니다. 부끄럽게도 달갑지 않은 분야에서 세계 챔피언이 되었습니다. 한국 교회의 지도자와 성도들은 포르노를 포함한 음란 문화에 대해서 과연 얼마나 떳떳하게 생활하고 있을까요? 하나님의 뜻은 음란을 버리는 것이라고 성경은 분명하게 증거하고 있습니다.

> 하나님의 뜻은 이것이니 너희의 거룩함이라 곧 음란을
> 버리고(살전 4:3)

육체의 정욕은 하나님의 뜻을 따라 사는 것에 저항합니다. 육체의 정욕을 극복하지 못하고는 하나님의 온전한 사랑에 거할 수 없고 하나님의 뜻대로 살아갈 수 없습니다.

> 사랑하는 자들아 거류민과 나그네 같은 너희를 권하노니
> 영혼을 거슬러 싸우는 육체의 정욕을 제어하라(벧전 2:11)

야고보서 4장 1-3절도 싸움이 육체의 정욕으로부터 말미암는다고 증거하고 있습니다.

너희 중에 싸움이 어디로부터 다툼이 어디로부터 나느
냐 너희 지체 중에서 싸우는 정욕으로부터 나는 것이
아니냐 너희는 욕심을 내어도 얻지 못하여 살인하며 시
기하여도 능히 취하지 못하므로 다투고 싸우는도다 너
희가 얻지 못함은 구하지 아니하기 때문이요 구하여
도 받지 못함은 정욕으로 쓰려고 잘못 구하기 때문이라
(약 4:1-3)

오늘날 한국 교회의 성도들은 무엇 때문에 한 지체가 되지 못
하고 끊임없이 싸울까요? 왜 교회가 선한 영향력을 강력하게 발
휘하지 못하고 이토록 약하고 무능해졌을까요? 그것은 다름 아닌
육체의 정욕, 헛된 영광, 음란의 쾌락을 추구하며 '영적 간음'이라
는 우상을 숭배하고 있기 때문입니다. 하나님 나라와 의를 먼저
구하는 것이 아니라, 육체의 정욕을 따라 구하기 때문에 아무리
부르짖으며 기도해도 풍성한 응답을 받지 못합니다.

잠에서 깨어
일어나라!

그렇다면 우리는 거대한 쓰나미
처럼 밀려오는 이 어둠의 문화, 죄를 권하는 문화, 음란의 문화
를 어떻게 분별하고 이길 수 있을까요? 우리 자신과 자녀들을 지

키고 소중한 가정과 교회와 나라를 지킬 수 있는 방법은 무엇일까요?

사도 바울은 예수 그리스도와 비교했을 때 이 세상의 좋은 것들은 모두 배설물과 같다고 했습니다. 사도 바울처럼 주님을 생명 다해 사랑하는 것, 이것이 육체의 정욕을 이길 수 있는 유일한 방법입니다. 주님의 사랑에 사로잡혀 예수 그리스도 외에 다른 것은 모두 배설물로 여기는 삶을 살기 위해 훈련해야 합니다. 신구약 성경에 나타나는 제1계명, 즉 마음을 다해 오직 예수님만 사랑하며 살아가라는 주님의 명령에 순종하는 삶이 우리에게 능력이 됩니다. 이러한 삶을 살 때 우리는 지혜, 행복, 치유, 권세, 축복의 통로가 될 것입니다. 우리는 하나님께서 주신 제1의 계명을 지키기 위해 날마다 온 마음을 다해 훈련하기를 힘써야 합니다.

사랑하는 여러분, 인류와 교회의 역사를 살펴보십시오. 백성들의 마음이 깊이 잠들어 있을 때, 민족의 파수꾼이 되어야 할 거룩한 교회가 깊은 잠에 빠져있을 때 어떤 일이 일어났는지 생각해 보십시오. 이제는 자다가 깰 때가 되었습니다. 밤이 깊어가고 있지만 동시에 낮이 가까워지고 있습니다. 깊어가는 세상의 어둠만을 보며 두려워하지 마십시오. 어둠은 결단코 빛을 이길 수 없습니다. 어둠의 일을 벗어 버리고 하나님의 말씀을 따라 거룩한 빛의 갑옷을 입으십시오. 나태한 잠에서 깨어 일어나 회개하고 빛의 군대의 대열에 합류하십시오. 참된 빛이신 예수 그리스도 안에서 빛의 갑옷으로 무장하여 단정히 행함으로, 우리나라가 열방을 참된 하나님의 영광의 빛으로 밝히는 거룩한 나라가 되기를 기도합시다. 그리하면 이 땅에 참된 영광의 빛 가운데 축복의 역사가 나타나게 될 것입니다.

나라들은 네 빛으로, 왕들은 비치는 네 광명으로 나아오리라(사 60:3)

05 열두 물맷돌

천국 복음

예수께서 감람 산 위에 앉으셨을 때에 제자들이 조용히 와서 이르되 우리에게 이르소서 어느 때에 이런 일이 있겠사오며 또 주의 임하심과 세상 끝에는 무슨 징조가 있사오리이까 예수께서 대답하여 이르시되 너희가 사람의 미혹을 받지 않도록 주의하라 많은 사람이 내 이름으로 와서 이르되 나는 그리스도라 하여 많은 사람을 미혹하리라 난리와 난리 소문을 듣겠으나 너희는 삼가 두려워하지 말라 이런 일이 있어야 하되 아직 끝은 아니니라 민족이 민족을, 나라가 나라를 대적하여 일어나겠고 곳곳에 기근과 지진이 있으리니 이 모든 것은 재난의 시작이니라 그 때에 사람들이 너희를 환난에 넘겨 주겠으며 너희를 죽이리니 너희가 내 이름 때문에 모든 민족에게 미움을 받으리라 그 때에 많은 사람이 실족하게 되어 서로 잡아 주고 서로 미워하겠으며 거짓 선지자가 많이 일어나 많은 사람을 미혹하겠으며 불법이 성하므로 많은 사람의 사랑이 식어지리라 그러나 끝까지 견디는 자는 구원을 얻으리라 이 천국 복음이 모든 민족에게 증언되기 위하여 온 세상에 전파되리니 그제야 끝이 오리라

사람들을 미혹하는
거짓 선지자들

마태복음 24장 3-14절 본문 말씀은 모든 영혼의 구원자요, 구세주이신 예수 그리스도께서 이 세상에 다시 오실 때 일어날 일들에 대해서 다루고 있습니다. 바로 자칭 그리스도, 즉 자신이 구원자라고 하면서 사람들의 마음을 미혹할 자들이 많이 나타나는 것입니다.

> 많은 사람이 내 이름으로 와서 이르되 나는 그리스도라
> 하여 많은 사람을 미혹하리라(마 24:5)

그들은 "내 눈을 바라보면 병이 나을 것이다", "내 가르침을 믿으면 안전할 것이다", "여기에 살 길이 있다", "외계에서 우리보다

뛰어난 생명체가 와서 구원의 길을 제시할 것이다" 등의 터무니없는 말로 사람들을 미혹할 것입니다. 그리고 안타깝게도 많은 사람들은 그들의 거짓말에 미혹될 것입니다.

또 본문 6-7절은 예수님께서 다시 오실 때에 난리와 재난이 있을 것이라고 합니다.

> 난리와 난리 소문을 듣겠으나 너희는 삼가 두려워하지
> 말라 이런 일이 있어야 하되 아직 끝은 아니니라 민족
> 이 민족을, 나라가 나라를 대적하여 일어나겠고 곳곳에
> 기근과 지진이 있으리니(마 24:6-7)

주님께서 다시 오실 때가 되면 소란스럽고 어지러운 소문을 듣게 되고, 전쟁, 기근, 지진과 같은 재난이 있을 것입니다. 그리고 이어지는 8절은 이런 일들은 재난의 끝이 아니라 시작이라고 합니다. 이 말씀의 뜻은 재난이 더욱 많아질 것이니 철저하게 대비하고 대책을 잘 세우라는 것이 아닙니다. 역사의 주관자이자 전능하신 하나님께서는 성경을 통해 재난이 일어날 것을 분명하게 예고하고 계십니다.

또 본문 9절은 오직 예수 그리스도를 믿고 살아가는 신실한 성도들이 사람들로부터 미움을 받고 환난에 넘겨지며 심지어 죽기까지 할 것이라고 합니다.

> 그 때에 사람들이 너희를 환난에 넘겨주겠으며 너희를
> 죽이리니 너희가 내 이름 때문에 모든 민족에게 미움을
> 받으리라(마 24:9)

더 나아가 본문 10절에서는 성도들이 믿음에서 실족하여 서로를 넘겨주고, 미워할 것이라고 합니다. 이와 같은 주님의 경고에도 '설마 예수를 믿는 사람들끼리 그렇게까지 하겠어?'라는 안일한 생각을 하는 사람도 있을 것입니다. 그러나 주님께서는 거짓 선지자가 일어나 많은 사람들을 속일 것이며 불법이 더욱 많아져서 사람들의 사랑이 식을 것이라고 다시금 경고하십니다.

> 거짓 선지자가 많이 일어나 많은 사람을 미혹하겠으
> 며 불법이 성하므로 많은 사람의 사랑이 식어지리라
> (마 24:11-12)

그렇다면 사람들은 무엇 때문에 거짓 선지자에게 미혹을 당할까요? 심지어 주님을 믿는 성도들조차 미혹당하는 이유는 왜일까요? 거짓 선지자의 가르침이 매우 그럴싸하기 때문입니다. 영적 사기꾼들은 사람들의 약한 부분을 기가 막히게 잘 알고 있습니다. 그들은 사람들의 약한 부분을 자극해 미끼를 물도록 유혹합니다. 그러므로 우리는 깨어 있어야 합니다. 깨어 있지 않으면 아무 생각 없이 그들이 던진 미끼를 덥석 물고 마는 것입니다.

그뿐만 아니라 거짓 선지자들은 실제로 놀라운 능력을 나타내 보이기도 합니다. 병을 고치거나 사람들이 과거에 겪었던 문제들을 알아맞히기도 합니다. 심지어 그들은 요한계시록에서 말씀하는 바와 같이 하늘에서 불이 떨어지게 할 수도 있을 것입니다. 그러한 이적을 본 사람들은 "와! 진짜네. 사실이네!"라고 말하면서 성경 말씀의 진리, 예수 그리스도의 진리를 놓친 채 그들에게 현혹되고 말 것입니다. 바로 이것이 주님께서 자신이 다시 올 때까지 미혹을 받지 않도록 각별히 조심하라고 거듭 강조하시는 이유입니다.

그러나 안타깝게도 일부 성도들은 스스로 이단 사이비의 미끼를 물어버립니다. 비록 아직은 그 수가 소수일지 몰라도 주님께서 다시 오실 때가 가까울수록 이런 일들은 더욱 많아질 것입니다. 우리는 진리의 성령으로 무장하고, 성경 말씀을 제대로 배우고 익힘으로써 자신과 가족을 지킬 수 있어야 합니다. 거짓 선지자들의 속임수를 분별해 세상을 이겨야만 합니다.

가장 안전하면서도 승리하는 삶, '임마누엘'

그렇다면 짙은 어둠의 때가 점점 가까워지고 있는 지금 우리는 어떻게 살아야 할까요? 어떠한 삶이 가장 안전하면서도 승리하는 삶일까요? 그저 기도만 하고 있으면 될까요? 먼저 우리는 하나님께서 이 세상 만물을 완전하게 다스리고 계시다는 사실을 확신해야 합니다. 어쩌면 "아니, 사랑의 하나님께서는 왜 온 세상이 이토록 난리가 나도록 내버려두시는 거죠? 왜 그분의 자녀인 성도들이 고통당하도록 내버려두시는 겁니까?"라고 묻는 분들도 있을 것입니다.

그러나 우리가 기억해야 할 사실은 하나님을 믿지 않는 사람들도 괴롭고 어려운 시간을 통과한다는 것입니다. 우리는 '예수 안 믿으면 괜찮겠지?', '오직 성경, 오직 예수가 아니라 이것도 저것도 믿는 것이 더 안전하고 살아남을 확률이 높겠지?'와 같은 얄팍한 꾀는 내려놓고, 성경이 나타내는 바를 그대로 믿어야 합니다. 성경 말씀에 다른 어떤 것도 빼거나 더해서는 안 됩니다. 성경은 우리에게 오직 예수 그리스도를 전하고 있다는 사실을 분명하게 깨달아야 합니다.

성도들은 믿지 않는 사람들과 똑같이 진통의 시간을 통과하지만 여기에는 큰 차이가 있습니다. 바로 진통의 시간을 전능하신 하나님과 함께 통과한다는 점입니다. 하나님만 붙들고 따라가면 얼마든지 진통의 시간을 넉넉히 이기고 통과할 수 있습니다. 우리는 비록 해산이 임박한 산모와 같이, 점점 더 주기가 빨라지고 강도가 커지는 세상의 진통을 겪어야 하지만 전능하신 하나님과 함께한다면 얼마든지 승리하여 희망의 아기를 낳을 수 있습니다. 결코 두려워해서는 안 됩니다. 주님께서 우리와 함께하신다는 임마누엘의 믿음을 가져야 합니다.

영원한 멸망의 형벌을
받을 자

주님께서 다시 오실 때가 가까워 질수록 온 세상이 난리법석을 떠는 이유는 무엇일까요? 바로 공중 권세를 잡고 이 세상을 불법적으로 다스리는 임금, 마귀와 그 수하에 있는 악한 영들에 대한 심판의 때가 가까이 왔기 때문입니다. 마귀의 세력은 자신들이 심판당할 것을 잘 알고 있습니다. 그들은 심판의 주로 오실 예수 그리스도의 재림만 막으면 자신들에게 닥칠 심판을 면할 수 있다는 착각에 빠져 있습니다. 그래서 점점 더 발악하며 세상을 뒤흔드는 것입니다.

그러나 전능하신 하나님의 입장에서 바라보면 세상이 요동치는 이유가 달라집니다. 주님께서는 사랑하는 성도들과 교회를 지키기 위해 마귀의 세력을 공격하고 복수하십니다. 바로 최후의 심판의 예고편으로서 세상이 흔들리는 것입니다. 주님의 심판은 악의 세력, 사탄의 세력에 대한 공의로우신 복수이자 무서운 응징입니다. 하나님은 사랑 그 자체이시지만 자신을 끝까지 대적하고 거스르는 세력들을 반드시 응징하시는 공의로운 분이십니다.

> 그들의 행위대로 갚으시되 그 원수에게 분노하시며
> 그 원수에게 보응하시며 섬들에게 보복하실 것이라
> (사 59:18)

데살로니가후서 1장 8-9절에서는 심판의 형벌에 대하여 이렇게 증거하고 있습니다.

> 하나님을 모르는 자들과 우리 주 예수의 복음에 복종하
> 지 않는 자들에게 형벌을 내리시리니 이런 자들은 주의
> 얼굴과 그의 힘의 영광을 떠나 영원한 멸망의 형벌을
> 받으리로다(살후 1:8-9)

이 세상의 마지막 때는 사탄 마귀의 세력이 발악하는 때이기도 하지만, 동시에 하나님의 보복과 심판의 때이기도 합니다. 사탄 마귀의 세력은 마지막 때에 영원한 멸망의 형벌을 받을 것입니다. 하나님의 크고 두려운 날이 곧 다가올 것입니다.

하나님의 전신갑주, '천국 복음'

마지막 때가 다가오는 지금, 성도들은 어떤 태도를 지녀야 지혜로운 삶을 살 수 있을까요?

> 이 천국 복음이 모든 민족에게 증언되기 위하여 온 세
> 상에 전파되리니 그제야 끝이 오리라(마 24:14)

나라에 전쟁이 일어났을 때 가장 안전한 이들은 민간인이 아닌 군인들, 그중에서도 싸워서 항상 이기는 군인들입니다. 그들은 치열하고 위험해 보이는 전쟁터의 한복판에 서 있지만 늘 승리하기 때문에 실제로는 가장 안전합니다. 그들은 끝까지 살아남아 훈장을 받을 것입니다. 반대로 폭탄이 떨어질까 봐, 총알이 날아올까봐 집에서 이불만 뒤집어쓰고 있는 사람들은 언뜻 보면 안전한 것같지만 그렇지 않습니다. 아무런 대책도 없이 두려워 떨고 있는 그들은 결코 안전하지 않습니다. 그러므로 우리는 이 세상의 한가운데 서야 합니다. 천국 복음을 들고 세상이라는 전쟁터에 서 있을 때 우리는 매일 승리를 맛보는 삶을 살게 될 것입니다.

에베소서 6장 12절은 성도의 신앙생활을 사탄의 세력과 상대하는 영적 싸움이라고 합니다.

우리의 씨름은 혈과 육을 상대하는 것이 아니요 통치자들과 권세들과 이 어둠의 세상 주관자들과 하늘에 있는 악의 영들을 상대함이라(엡 6:12)

사탄은 온 세상에 복음이 전파되면 세상의 끝이 임하고 결국 자신들이 영원한 심판에 떨어질 것을 잘 알고 있기에 복음 전파를 방해하는 일에 수단과 방법을 가리지 않습니다. 그럼에도 불구하고 하나님의 전신갑주를 입고 성령의 검과 믿음의 방패를 들고 담대히 전진하는 성도들은 반드시 영적 싸움에서 승리할 것입니다.

하나님께서는 자신의 자녀들이 영적 싸움에서 쓰러지지 않도록 항상 함께하시고 모든 지혜와 권능을 공급해 주시기 때문입니다.

> 내가 너희에게 뱀과 전갈을 밟으며 원수의 모든 능력을
> 제어할 권능을 주었으니 너희를 해칠 자가 결코 없으리
> 라(눅 10:19)

이와 같은 주님의 권능 앞에서 사탄은 꼼짝도 할 수 없습니다. 사탄은 죄의 법을 따라 오랜 세월 동안 세상의 임금으로 죄인들 가운데서 군림했지만, 예수 그리스도께서는 십자가에서 죽으시고 부활하심으로 죄와 죽음의 권세를 깨뜨리셨고 마귀의 세상 권세를 합법적으로 빼앗아 오셨습니다. 이제는 예수님의 하늘과 땅의 권세로 무장한 성도들이 합법한 자들이고 사탄의 세력은 덩치만 크고 힘만 센 불법한 자들입니다. 그래서 성도들은 "예수 그리스도의 이름으로 명하노니 사탄의 세력은 떠나갈지어다! 더러운 귀신은 결박 당할지어다!"라고 말하며 주님의 권세로 사탄의 세력에게 명령할 수 있습니다. 불법한 사탄의 세력은 합법적 권세자인 성도들의 말을 들을 수밖에 없는 것입니다. 우리는 예수 그리스도의 합법적 권세를 사탄의 세력에게 끊임없이 선포함으로써 언제나 영적 싸움에서 승리할 수 있습니다.

하나님의 마음에
합한 성도

사울 왕과 그의 부하들과 하나님의 군사들이 거대한 장수 골리앗의 위세에 눌려 두려워하고 있을 때 소년 다윗은 전혀 다른 모습이었습니다. 다윗은 성령으로 충만하여 물맷돌 다섯 개를 들고 돌격했고 골리앗의 이마에 물맷돌을 명중시켰습니다. 그리고 쓰러진 골리앗의 칼로 그의 목을 베었습니다. 다윗은 자신이 겉으로는 보기에는 거인 골리앗과 비교했을 때 메뚜기처럼 미약한 존재라는 것을 알았습니다. 하지만 그는 하나님의 시선으로 바라본 자기의 모습이 다르다는 것도 잘 알았습니다. 그는 자신이 성령으로 무장된 합법자요 강자이며, 반대로 골리앗은 불법자이고 약자라는 것을 알고 있었습니다. 이것이 양치는 목동이었던 다윗이 평소 양들을 공격하는 맹수를 막을 때 사용하던 물맷돌로 담대하게 골리앗을 물리치고 승리할 수 있었던 비결입니다.

그런데 왜 다윗은 다섯 개의 물맷돌을 준비했을까요? 이것은 물맷돌을 던져서 공격에 실패할 경우를 대비하기 위해서가 아닙니다. 당시 하나님의 군대의 대적이었던 블레셋에게는 골리앗 외에도 가드의 거인족 용사 네 명이 더 있었습니다.

> 네 사람 가드의 거인족의 소생이 다윗의 손과 그의 부하들의 손에 다 넘어졌더라(삼하 21:22)

다윗은 골리앗과 네 명의 거인족을 물맷돌 다섯 개로 모두 해치우고 말 것이라고 확신하고 있었습니다. 그는 거대한 원수들 앞에서 죽을까봐 벌벌 떠는 것이 아니라 승리에 대한 확신으로 나아갔습니다. 그리고 다윗이 골리앗을 넘어뜨린 후 전세가 역전되었습니다. 원수들이 모두 도망갔기 때문에 더 이상 돌을 던질 필요가 없었습니다. 소년 다윗이 놀라운 용기를 가질 수 있었던 것은 하나님이 어떤 분이시며 자신이 어떤 존재인지를 그가 명확하게 알고 있었기 때문입니다. 다윗은 믿음으로 나라들을 이겼습니다(히 11:33). 다윗은 생명과 마음과 힘과 뜻을 다해 하나님을 사랑하고 민족을 사랑했습니다. 다윗은 하나님의 마음에 합한 사람이었습니다. 하나님의 마음에 합한 자였던 그는 만군의 여호와의 이름으로 담대히 나아가 물맷돌 다섯 개로 블레셋 군대를 격파해 버리고 대승리를 거두었습니다.

다윗처럼 하나님을 분명하게 알고 생명과 마음과 힘과 뜻을 다해 그분을 사랑하는 자는 사탄의 세력을 두려워하지 않습니다. 이러한 사람은 사탄의 세력을 향해 하나님의 자녀로서 주어진 자신의 합법적 권세를 주장함으로써 늘 승리하는 삶을 살게 됩니다. 하나님의 온전한 사랑으로 두려움을 이긴 성도는 사탄과의 영적 싸움에서 반드시 승리할 수밖에 없습니다. 사탄의 세력이 아무리 허세를 떨어도 그들은 불법한 자들에 불과합니다. 사탄은 합법적 권세를 가진 하나님의 자녀를 결코 이길 수 없습니다.

오직 자기의 하나님을 아는 백성은 강하여 용맹을 떨치
리라(단 11:32)

다니엘은 주님께서 다시 오시기 직전에 나타나는 큰 진통의 때
에 하나님을 아는 백성들이 강하여 용맹을 떨칠 것이라고 예언했
습니다. 어둡고 힘든 시대를 살아가는 우리가 이 예언의 주인공이
되기를 간절히 소망합니다.

천국 복음을 전하는 일

우리는 머지않아 주님 앞에 서게
될 것입니다. 그때 아무런 여한이 남지 않으려면 지금 우리는 어
떠한 모습으로 신앙생활을 해야 할까요? 다름 아닌 천국 복음을
전해야 합니다. 우리가 천국 복음을 전하기 위해 깃발을 들고 전
진할 때 전쟁에 능하신 '여호와 닛시', 승리의 하나님께서 모든 권
능과 지혜로 원수들을 질그릇 깨뜨리듯이 무너뜨리실 것입니다.
복음을 전하는 영적 싸움으로 나아가십시오. 전능하신 하나님께
서는 우리가 삶의 염려와 근심과 두려움에 얽매이지 않고 천국 복
음을 전파하는 사명으로 나아갈 때 그분의 모든 권세와 능력으로
우리에게 형통과 승리를 주실 것입니다.

우리가 살고 있는 시대는 너무도 암울하게만 느껴지곤 합니다.

가라지가 번성하고, 악이 창궐하고, 어둠이 점점 깊어지는 것 같습니다. 그래서 우리는 '꼼짝없이 죽었다', '더 이상 희망이 없다', '이제 끝장이다!'라는 두려움에 빠질 수도 있습니다. 그러나 온 세상의 알곡들이 풍성하게 무르익게 해 주는 늦은 비와 같이 임하시는 성령의 역사가 곧 나타날 것입니다. 교회의 역사상 유래를 찾아볼 수 없는 엄청난 성령의 부으심이 열방 가운데 나타날 것입니다. 우리는 하나님께서 변방으로 밀려난 교회와 성도들을 위하여 친히 선봉에 서서 활로를 여시고, 어둠의 군대를 향해 돌격해가고 계심을 믿음의 눈으로 바라보아야 합니다. 거대한 세력을 이룬 가라지의 군대, 어둠의 군대에 대항하는 알곡의 군대, 빛의 군대가 반격을 시작했습니다. 하나님의 반격이 시작되었습니다. 주님께서는 거룩한 싸움을 위하여 그리스도의 군사들을 세계 곳곳에서 일으키고 계십니다. 만군의 여호와 하나님께서 그리스도의 군사들을 위하여 거룩한 싸움의 선두에 서서 나아가고 계십니다.

> 야곱아 내가 반드시 너희 무리를 다 모으며 내가 반드시 이스라엘의 남은 자를 모으고 그들을 한 처소에 두기를 보스라의 양 떼 같이 하며 초장의 양 떼 같이 하리니 사람들이 크게 떠들 것이며 길을 여는 자가 그들 앞에 올라가고 그들은 길을 열어 성문에 이르러서는 그리로 나갈 것이며 그들의 왕이 앞서 가며 여호와께서 선두로 가시리라(미 2:12-13)

역사적으로 어둠이 깊었던 순간마다 하나님께서는 언제나 교회와 성도들을 위하여 선봉에 서서 활로를 여셨습니다. 우리는 바로 그때 믿음으로 하나님의 전쟁에 담대히 참여한 교회와 성도들이 민족을 새롭게 축복하는 통로가 되었다는 사실을 역사를 통해 깊이 통찰해야 합니다.

사랑하는 여러분, 만군의 여호와께서 수세에 몰리고 위축된 한국 교회를 위하여 친히 선두에 서서 돌격하고 계십니다. 주님께서는 자신의 영광을 위하여 한국의 교회와 성도들을 민족을 새롭게 할 축복의 통로로 일으키고 계십니다. 만왕의 왕이신 하나님을 담대히 따라가며 천국 복음을 전할 수 있기를 축원합니다.

사도 바울은 로마서 8장 37절에서 자녀들을 향한 하나님의 끊을 수 없는 사랑을 확신하면서 이렇게 선언하고 있습니다.

> 그러나 이 모든 일에 우리를 사랑하시는 이로 말미암아
> 우리가 넉넉히 이기느니라(롬 8:37)

성도의 승리는 승리 이상의 것입니다. 원수를 완전히 짓밟는 압도적인 승리입니다. 하나님의 자녀인 우리에게 주시는 전능하신 아버지의 권세와 지혜와 능력으로 이미 보장된 완전한 승리를 취하십시오. 만민을 위하여 깃발을 들고 전진하십시오. 그리할 때 완전한 승리가 우리의 것이 될 것입니다. 찬송가 347장의 가사가 우리 모두의 고백이 될 수 있기를 바랍니다.

허락하신 새 땅에 (찬송가 347장)

허락하신 새 땅에 들어가려면
맘에 준비 다하여 힘써 일하세
여호수아 본받아 앞으로 가세
우리 거할 처소는 주님 품일세

시험 환난 당해도 낙심 말고서
맘에 걱정 버리고 힘써 일하세
여호수아 본받아 앞으로 가세
우리 거할 처소는 주님 품일세

영적 싸움터에서 가장 안전한 곳은 다름 아닌 가장 최전방으로 돌격하며 활로를 여시는 만왕의 왕, 우리 주님의 품이라는 사실을 기억해야 합니다. 우리의 영혼이 주님의 품에 거할 때 비로소 험악한 세상을 이길 힘이 우리의 심령에 공급될 것입니다. 그리하여 마침내 완전한 승리를 성취하게 될 것입니다.

06
열두
물맷돌

복음의 씨앗

예수께서 그들 앞에 또 비유를 들어 이르시되 천국은 좋은 씨를 제 밭에 뿌린 사람과 같으니 사람들이 잘 때에 그 원수가 와서 곡식 가운데 가라지를 덧뿌리고 갔더니 싹이 나고 결실할 때에 가라지도 보이거늘 집 주인의 종들이 와서 말하되 주여 밭에 좋은 씨를 뿌리지 아니하였나이까 그런데 가라지가 어디서 생겼나이까 주인이 이르되 원수가 이렇게 하였구나 종들이 말하되 그러면 우리가 가서 이것을 뽑기를 원하시나이까 주인이 이르되 가만 두라 가라지를 뽑다가 곡식까지 뽑을까 염려하노라 둘 다 추수 때까지 함께 자라게 두라 추수 때에 내가 추수꾼들에게 말하기를 가라지는 먼저 거두어 불사르게 단으로 묶고 곡식은 모아 내 곳간에 넣으라 하리라

죄악을 다스리시는
하나님

　　　　　　　　　　죄악이 넘치는 세상을 살다 보면 악의 실체를 실감나게 경험합니다. 우리는 뉴스나 주변 사람들에게 일어난 불미스러운 일들을 통해 "저런 나쁜 놈들!"하고 혀를 끌끌 차고는 합니다. 영화나 드라마의 단골 소재도 극악무도한 악인들과 맞서는 이야기들이 많습니다. 때로는 악인들이 멋있고 의리있게 보이도록 연출되기도 합니다. 그러나 악에 대한 간접 경험이 아닌 직접적인 악의 실체를 경험하게 되면 우리의 내면의 반응은 달라집니다. 피가 거꾸로 솟는 듯 격분하게 되고 심지어 참을 수 없는 살의를 느끼기도 합니다. 베드로는 죄 없으신 주님을 잡으러 칼과 몽치를 들고 온 군인들을 보고 격분하여 칼을 휘둘렀습니다. 죄로 가득 찬 세상을 살아가는 우리에게 불의에 저항하는 용기가 없다면, 우리는 죽은 사람과 같은 존재일 것입니다. 그러나 세상 속에서 불의의 씨를 말린다는 것은 인간의 의로운 마음만으로 이룰 수 있는 만만한 문제가 아닙니다. 우리가 불의를 진멸하기 위해 싸우면서도 반드시 기억해야 할 것은 우리의 내면에도 죄의 본성이 생생하게 살아 꿈틀대고 있다는 사실입니다. 우리는 오직 믿음으로 의롭다 여기심을 받았을 뿐입니다.

2016년 6월, 필리핀 대통령으로 취임한 두테르테 대통령은 마약과의 전쟁을 선포한 후 마약사범에 대한 대대적인 단속을 벌여 왔습니다. 그는 경찰에게 마약 소지자나 판매자를 발견하는 즉시 현장에서 바로 처형할 수 있는 공권력을 맡겼습니다. 그 결과 두테르테 대통령이 취임한 이후 1년 반 동안 약 4,000명의 마약사범이 처형을 당했습니다. 마약 범죄에 대한 그의 극단적인 마약과의 전쟁은 단기적으로 마약 범죄를 줄이는 효과를 보였습니다. 하지만 그의 정책이 마약 범죄의 뿌리를 완전히 뽑을 수 있을지는 좀 더 오래 지켜봐야 할 듯합니다.

그런데 공의로우신 하나님께서도 세상의 모든 죄악을 진멸하고 뿌리 뽑기를 원하십니다. 하나님 아버지의 자녀인 우리 또한 세상의 죄악을 진멸하기 위해 노력을 기울여야 할 것입니다. 그러나 동시에 우리는 사랑이신 하나님께서 잡초처럼 번성해가는 악의 역사 가운데서 세상을 구원하시기 위한 역사를 펼쳐 가신다는 사실도 기억해야 합니다.

여호와께서 온갖 것을 그 쓰임에 적당하게 지으셨나니
악인도 악한 날에 적당하게 하셨느니라(잠 16:4)

이 말씀의 의미는 하나님께서 악을 조장하시고 방치하신다는 뜻이 아닙니다. 악을 완전히 멸하고 심판하는 것이 하나님의 영역이라는 의미입니다. 완전한 심판은 우리의 몫이 아닙니다. 하나님께서는 이 땅의 알곡과 가라지, 즉 선과 악의 투쟁을 허락하셨고, 때가 이르면 종말적 심판을 이루셔서 모든 것을 회복시키실 것입니다. 따라서 우리는 악을 없애는 일에 노력을 기울이면서도 모든 악을 다스리는 주권이 하나님께 있음을 인정함으로 하나님께 완전한 심판을 맡겨야 합니다. 세상의 죄악을 보면서 마냥 탄식하고 분노하기보다는 어떤 면에서는 하나님께 맡길 줄 아는 믿음과 지혜가 필요합니다.

알곡과 가라지의 비유

마태복음 13장 24-30절 말씀은 천국 곧 하나님 나라에 대한 비유 중 하나로 '알곡과 가라지의 비유'라고 부릅니다. 이 말씀에 대한 주님의 설명은 마태복음 13장 36-43절까지 나타나는데 그 중 일부를 함께 살펴보겠습니다.

대답하여 이르시되 좋은 씨를 뿌리는 이는 인자요 밭은 세상이요 좋은 씨는 천국의 아들들이요 가라지는 악한 자의 아들들이요 가라지를 뿌린 원수는 마귀요 추수 때는 세상 끝이요 추수꾼은 천사들이니 그런즉 가라지를 거두어 불에 사르는 것 같이 세상 끝에도 그러하리라

(마 13:37-40)

이 말씀은 세상 사람들에게 역사하는 실재하는 두 존재, 예수 그리스도와 마귀에 대해 소개하고 있습니다. 좋은 씨를 뿌리시는 분은 인자, 즉 예수 그리스도이시며 가라지를 뿌린 원수는 마귀입니다. 다시 말해서 알곡은 하나님의 자녀들이고 가라지는 악한 자, 바로 마귀의 아들들입니다. 이 세상은 알곡과 가라지가 함께 자라는 밭입니다. 세상에는 두 종류의 사람, 하나님의 자녀와 마귀의 자녀가 있습니다. 눈에 보이지는 않지만 이 세상은 알곡과 가라지의 치열한 영적 전쟁이 일어나고 있는 현장입니다.

알곡과 가라지의 영적 전쟁은 세상의 끝날인 추수 때까지 계속됩니다. 추수꾼은 천사들입니다. 천사들은 알곡과 같이 무르익은 하나님의 자녀들을 구원함과 동시에 마치 농부가 가라지를 거두어 불사르는 것처럼 마귀의 아들들을 풀무불에 던져 넣을 것입니다. 그러므로 세상이라는 밭의 알곡과 가라지는 추수 때까지 무성하게 자랄 것입니다. 마지막 때에는 하나님을 믿는 교회와 성도들이 놀랍게 부흥하고 크게 성장하는 동시에 악한 세력들도 크게 번

성해 갈 것입니다. 결국 세상의 끝날, 주님께서 심판의 주로 다시 오실 때가 되면 이 세상의 체제는 알곡과 가라지의 두 가지 체제로 선명하게 나뉠 것입니다.

세상의 끝날에 일어날 일을 집중적으로 다루고 있는 요한계시록은 주님께서 다시 오셔서 온전한 하나님의 나라를 회복하기 전에 세상이 두 체제로 분명하게 나뉠 것을 예언하고 있습니다. 마지막 때에는 하나님을 대적하는 바벨론 체제와 하나님의 온전한 뜻을 이루는 새 예루살렘 체제로 나뉠 것입니다. 즉 예수 그리스도의 세력과 적그리스도의 세력으로 선명하게 구분될 것입니다. 결국 세상의 대립과 갈등과 전쟁은 그 모습과 양상은 조금씩 달라도 하나님을 따르는 자들과 사탄을 따르는 자들의 대립이 될 것입니다. 모든 사람은 주님께서 오실 때가 다가올수록 하나님을 따를 것인지 아니면 사탄을 따를 것인지를 분명하게 선택해야 합니다. 이때 깨어있는 알곡 성도들은 어떠한 대가를 지불하더라도 오직 예수 그리스도, 곧 하나님 아버지를 선택하고 붙들어야 합니다.

당신이 잠든 사이에

밭에 가라지가 뿌려지지 않았다면 더없이 좋았을 텐데 가라지는 밭에 뿌려지고 말았습니다.

> 사람들이 잘 때에 그 원수가 와서 곡식 가운데 가라지
> 를 덧뿌리고 갔더니(마 13:25)

마귀의 악한 영향력이 뿌려지는 시기는 사람들이 자고 있을 때입니다. 마태복음 25장에 등장하는 또 다른 천국 비유를 보면 신랑을 기다리던 열 명의 처녀들이 모두 졸며 잤다고 합니다. 그 이유는 무엇일까요?

> 신랑이 더디 오므로 다 졸며 잘 새(마 25:5)

신랑이 더디 오기 때문입니다. 사람들은 심판의 주이시며 신랑되신 예수님께서 더디 오시기 때문에 잤다고 말할 것입니다. 정말 예수님께서는 더디 오시는 것일까요?

> 주의 약속은 어떤 이들이 더디다고 생각하는 것 같이
> 더딘 것이 아니라 오직 주께서는 너희를 대하여 오래
> 참으사 아무도 멸망하지 아니하고 다 회개하기에 이르
> 기를 원하시느니라(벧후 3:9)

주님께서는 더디 오시는 것이 아니라 죄인들이 모두 회개하여 아무도 멸망하지 않고 구원받기를 바라십니다. 이것이 주님께서 오래도록 참고 기다리시는 이유입니다. 그러나 주님도 무한정 기

다리시지는 않습니다. 주님은 때가 이르면 반드시 오십니다. 로마서 11장에 나타나 있듯이 이방인의 충만한 수가 주께로 돌아오고 이스라엘 백성들에게 집단적인 구원이 일어날 때 예수님께서는 심판의 주로 세상에 다시 오실 것입니다.

앞에서 다루었던 마태복음 24장에 근거하여 주님께서 다시 오실 때의 징조를 살펴보면 우리는 마지막 때가 점점 더 가까워지고 있음을 분명하게 깨달을 수 있습니다. 세상에서 일어나고 있는 많은 일을 성경적 관점에서 바라보면 정말 주님께서 다시 오실 때가 얼마 남지 않았음을 실감하게 됩니다. 사도 바울은 지금으로부터 2,000년 전에 다음과 같은 권면을 했습니다.

> 또한 너희가 이 시기를 알거니와 자다가 깰 때가 벌써 되었으니 이는 이제 우리의 구원이 처음 믿을 때보다 가까웠음이라(롬 13:11)

2,000년 전에 자다가 깰 때가 벌써 되었다고 했으니, 그 후 2,000년이 더 지난 지금은 주님께서 다시 오실 때가 더욱 가까워진 것입니다. 우리는 정신을 더욱 바짝 차리고 영적으로 깨어 있어야 합니다.

주님께서 오실 때가 더 가까워졌음에도 불구하고 자신도 모르게 영적 안일함에 빠져 잠들어 있는 분은 없습니까? 우리는 영적으로 잠들어 있을 때 원수가 와서 곡식 가운데 가라지를 뿌리고 다닌다는 것을 반드시 기억해야 합니다.

여러분의 마음밭에는 가라지가 조금도 없습니까? 여러분은 자신이 영적으로 항상 깨어 있다고 확신할 수 있습니까? 악한 마음, 더럽고 음란한 생각, 근심과 두려움의 어둠이 전혀 없습니까? 만약 조금이라도 있다면 그것은 여러분이 영적으로 잠들어 있을 때 원수가 여러분의 마음밭에 뿌려놓은 가라지입니다. 영국의 종교 개혁자 요한 웨슬레는 "인간의 모든 악한 생각과 행위는 미혹하는 마귀의 작품이다"라고 말했습니다. 만약 우리가 악한 생각과 행동을 하게 된다면 그 배후에는 마귀의 세력이 있다는 의미입니다.

자다가
깨어야 할 때

슬프지만 한국 교회에도 하나님의 뜻에 복종하지 않고 도리어 원수로 행하는 육에 속한 성도, 세상적인 가치관에 젖어 있는 가라지와 같은 성도들이 있습니다. 그것은 성도들이 안일과 나태와 교만으로 인하여 영적으로 잠들었기 때문입니다. 우리는 영적으로 깨어서 한국 교회가 처한 현실을 깨달아야 합니다. 지금 한국 교회는 영적으로 잠들어서 하나님 나라의 담대한 비전과 능력을 세상에 드러내지 못하고 있습니다. 그러는 동안 가라지의 세력들은 거대한 연합을 이루어 교회의 존립 자체를 위협하려는 시도를 멈추지 않고 있습니다. 여러분은 이러한 교회 안팎의 위기를 실감하고 있습니까? 지금은 하나님의 자녀인 성도들과 교회 공동체가 자다가 깰 때입니다. 이미 기상 나팔소리가 여러 번 반복되었는데도 "조금만 더 자자!"라며 영적 안일함에 빠져 있어서는 안 됩니다. 그러다가는 거대한 가라지의 세력이 알곡들의 씨를 말려버리는 위기에 처할 수 있습니다. 이처럼 다급한 위기의 상황에 처했음에도 전혀 위기의식을 느끼지 않거나 느끼더라도 매우 피상적이고 관념적인 위기의식을 품은 채 느긋하게 지내는 성도들이 많습니다. 성도들이 너무 여유롭고 평화롭게 지내고 있습니다. 교회와 성도들은 민족과 시대의 파수꾼 역할을 해야 합니다. 비록 늦었지만 지금이라도 영적으로 깨어나야 합니다. 영적 지도자들뿐 아니라 먼저 깨어난 성도들도 함께 나팔을 불며 큰 소리로 일어나라고 외쳐야 합니다. 거듭 말하지만 지금은 회개하며 깨어 기도해야 할 때입니다.

알곡에
집중하라!

종들이 "가라지를 뽑아 버릴까요?"라고 물었을 때 밭의 주인은 이렇게 대답했습니다.

> 주인이 이르되 가만 두라 가라지를 뽑다가 곡식까지 뽑을까
> 염려하노라 둘 다 추수 때까지 함께 자라게 두라(마 13:29-30)

주인은 가라지를 몽땅 뽑아버리려고 하다가는 알곡마저 뽑을까 염려했습니다. 우리는 종종 교회 안에서 '저 사람만 없어지면 모든 게 평안해질 텐데!'라고 생각하기도 합니다. 과연 그럴까요? 안타깝게도 가라지를 다 뽑아내고 나면 또 다른 가라지들이 등장합니다. 게다가 정의의 사도가 되어 가라지를 뽑는 일에만 몰두하다 보면 주님과의 사랑의 교제를 놓쳐버리거나 복음을 전하는 일, 즉 좋은 씨앗을 뿌리는 본질적 사명을 놓쳐버릴 수 있습니다. 간혹 목회자나 성도들 중에는 정의의 투사를 자처하는 경우가 있습니다. 물론 이 또한 필요한 일입니다. 그러나 이것이 지나쳐서 온통 가라지를 뽑는 일에만 열중하다 보면 주님과의 깊은 사랑의 교제를 통해서 얻게 되는 충만한 기쁨과 행복을 누릴 수 없습니다. 주님의 축복을 나누는 생명수의 강과 같은 삶을 살 수 없게 됩니다.

오늘날 우리 사회와 한국 교회 안에는 화가 난 정의의 사도들이 넘쳐납니다. 그들은 가라지를 뽑는 일에 목숨을 걸기도 합니다. 그러나 명심하십시오. 우리가 생명을 다해 열정을 뿜어내야 하는 일은 하나님을 사랑하는 것입니다. 그것이 제1의 계명이요, 성도의 본분이자 존재의 이유입니다. 엉뚱한 곳에 생명을 다하지 마십시오. 하나님을 생명 다해 사랑하는 사람은 하나님의 사명을 받아 세상 한가운데에서 민주화 투쟁, 환경 운동, 교회 개혁 운동과 같은 아름다운 열매를 맺습니다. 우리가 생명 다해 하나님을 사랑할 때 하나님의 사명을 감당할 수 있습니다.

하나님의 자녀인 성도들이 종말을 상징하는 대추수 때까지 집중해야 할 것은 가라지가 아닙니다. 알곡에 집중해야 합니다. 우리는 눈물을 흘리며 좋은 씨를 땅끝까지 뿌리는 일에 집중해야 합니다. 그리고 그 좋은 씨가 잘 성장하여 충실한 열매를 맺도록 돕는 일에 열심을 내야 합니다. 이것이 주님께서 오실 때를 기다리며 살아가는 성도들의 마땅한 본분입니다.

사랑하는 여러분, 하나님의 뜻을 대적하는 가라지가 번성해간다고 너무 안타까워하거나 분노하지 마십시오. 하나님께서 맡겨주신 선까지 최선을 다해 가라지와 싸우되 나머지는 하나님께 맡기십시오. 가라지보다 알곡에 집중하십시오. 마지막 날에 주님께서 모든 것을 심판하실 것입니다.

> 둘 다 추수 때까지 함께 자라게 두라 추수 때에 내가 추수꾼들에게 말하기를 가라지는 먼저 거두어 불사르게 단으로 묶고 곡식은 모아 내 곳간에 넣으라 하리라
>
> (마 13:30)

주님께서 다시 오실 때까지는 알곡과 가라지가 함께 자라갈 것입니다. 교회와 성도들만 승리하고 부흥하는 것이 아니라, 하나님의 뜻을 대적하는 가라지의 세력도 무성하게 자랄 것입니다. 오히려 가라지의 세력이 훨씬 더 강력하고 생명력이 질긴 것처럼 느껴지기도 할 것입니다. 밭에 돋아나는 잡초는 곡식이나 화초보다 더

끈질긴 생명을 가지고 있습니다. 잡초는 알곡을 위협하기도 합니다. 그러나 분명히 기억하십시오. 주님께서 뿌려주신 좋은 복음의 씨앗으로 자라나는 알곡 성도들은 잠시는 미미해 보이지만 마지막 추수 때가 이르면 무르익은 알곡들이 들판에 가득할 것입니다. 끝없이 펼쳐진 황금빛 들판에 누렇게 익은 알곡들이 넘쳐나게 될 것입니다.

완전한 천국을 여시는 하나님의 심판

본문은 공의로우신 하나님의 심판이 반드시 있다고 강조하고 있습니다. 오늘날 많은 사람들은 죄악에 빠져 돌이키지 않습니다. 심지어 성도들조차도 마찬가지입니다. 신학자 라인홀드 니버는 이렇게 말했습니다. "현대인들은 하나님의 심판을 받아도 그것이 심판인지 알지 못한다."

하나님의 존재도, 하나님의 심판도 인정하지 않기 때문에 실제로 심판을 받아도 깨닫지 못하는 것입니다. 성도들에게도 심판적 징계가 있을 수 있습니다. 그것은 "돌이키라! 회개하라! 열심을 내라! 깨어나라"와 같은 하나님의 사인일 수 있습니다. 때로는 질병이, 때로는 사고가, 때로는 경제적 고통이 심판일 수 있습니다. 더 나아가 전쟁이나 여러 가지 크고 작은 재난들이 하나님의 심판으로 다가올 수 있습니다. 중요한 것은 주님의 심판으로 만신창이가 될 때까지도 심판적 징계의 의미를 모를 수 있다는 사실입니다. 그 모든 일들을 그저 우연히 일어난 재수 없는 일쯤으로 여기거나 자신이 지혜롭지 못해서 생겨난 결과로 받아들입니다. 안타깝게도 이들은 결국 아무런 대책도 없이 최후의 심판으로 나아가게 될 것입니다.

마지막 추수 때에 일어나는 하나님의 종말적 심판은 이 세상의 누구도 피해갈 수 없는, 철저하고도 완전한 악에 대한 심판입니다. 이 심판을 집행하시는 분은 바로 심판의 주로 오실 예수 그리스도입니다. 마지막 날에 천사들은 예수 그리스도의 명을 받들어 가라지를 거두고 풀무불에 던져 넣습니다. 이렇듯 심판은 하나님의 영역입니다. 우리는 월권해서는 안 됩니다. 최후의 심판 이후 주님은 신실한 알곡 성도들을 천국 곳간으로 들이십니다. 심판은 완전한 천국을 열기 위한 죄의 소멸작업이자 필수적인 과정입니다.

그러나 주의 날이 도둑 같이 오리니 그 날에는 하늘이 큰 소리로 떠나가고 물질이 뜨거운 불에 풀어지고 땅과 그 중에 있는 모든 일이 드러나리로다 이 모든 것이 이렇게 풀어지리니 너희가 어떠한 사람이 되어야 마땅하냐 거룩한 행실과 경건함으로 하나님의 날이 임하기를 바라보고 간절히 사모하라 그 날에 하늘이 불에 타서 풀어지고 물질이 뜨거운 불에 녹아지려니와 우리는 그

의 약속대로 의가 있는 곳인 새 하늘과 새 땅을 바라보

도다(벧후 3:10-13)

혹시 여러분은 아직도 깊은 잠에 빠져있습니까? 지금은 자다가 깰 때입니다. 우리는 주님께서 다시 오실 마지막 때를 위해 준비해야 합니다. 한국 교회와 성도들이 주님께서 다시 오실 때가 더욱 가까웠음을 깨닫고 가라지가 번성한 세상 속에서 좋은 씨를 뿌리는 일에 생명을 다할 수 있기를 축원합니다.

07

열두
물맷돌

사명 순종

얼마 후 밀 거둘 때에 삼손이 염소 새끼를 가지고 그의 아내에게로 찾아 가서 이르되 내가 방에 들어가 내 아내를 보고자 하노라 하니 장인이 들어오지 못하게 하고 이르되 네가 그를 심히 미워하는 줄 알고 그를 네 친구에게 주었노라 그의 동생이 그보다 더 아름답지 아니하냐 청하노니 너는 그를 대신하여 동생을 아내로 맞이하라 하니 삼손이 그들에게 이르되 이번은 내가 블레셋 사람들을 해할지라도 그들에게 대하여 내게 허물이 없을 것이니라 하고 삼손이 가서 여우 삼백 마리를 붙들어서 그 꼬리와 꼬리를 매고 홰를 가지고 그 두 꼬리 사이에 한 홰를 달고 홰에 불을 붙이고 그것을 블레셋 사람들의 곡식 밭으로 몰아 들여서 곡식 단과 아직 베지 아니한 곡식과 포도원과 감람나무들을 사른지라 블레셋 사람들이 이르되 누가 이 일을 행하였느냐 하니 사람들이 대답하되 딤나 사람의 사위 삼손이니 장인이 삼손의 아내를 빼앗아 그의 친구에게 준 까닭이라 하였더라 블레셋 사람들이 올라가서 그 여인과 그의 아버지를 불사르니라 삼손이 그들에게 이르되 너희가 이같이 행하였은즉 내가 너희에게 원수를 갚고야 말리라 하고 블레셋 사람들의 정강이와 넓적다리를 크게 쳐서 죽이고 내려가서 에담 바위 틈에 머물렀더라

꾀 많은 여우를
경계하라!

우리는 종종 사람을 동물에 빗대어 표현합니다. 그리고 때로는 '베짱이 같은 녀석!', '굼벵이 같은 놈!', '곰 같은 자식!' 등의 표현으로 누군가를 비난하기도 합니다. 이외에도 자주 나오는 동물이 있는데 바로 여우입니다. 대개 사람을 여우에 비유할 때는 꾀 많은 여우처럼 교활한 행동을 하는 사람을 나타내는 경우가 많습니다. 예수님은 누가복음 13장 32절에서 자신을 죽이려는 헤롯왕을 '여우'라고 표현하셨습니다. 헤롯왕의 간교한 성품을 지적하신 것입니다.

동화나 전설 속에도 심심찮게 등장하는 작고 귀엽기까지 한 여우는 그럴 듯한 말로 주인공을 속이고 미혹시켜 위험에 빠뜨리기도 합니다. 한 마리의 여우는 표범이나 호랑이처럼 위협적이지 않습니다. 그러나 여우 떼라면 문제는 달라집니다. 그들은 처음에는 좀도둑질을 하다가 계속 내버려두면 본색을 드러냅니다. 작은 여우 떼는 결코 포기하는 법이 없습니다. 그들은 망하게 하고, 죽이고, 멸망시키는 존재입니다.

하나님의
구원 횃불

　　　　　　　　사사기 15장 1-8절은 이스라엘의 사사요 나실인이었던 삼손에게 일어난 일입니다. 나실인은 거룩하게 구별되어 일생을 하나님께 바치는 사람으로, 포도주와 독주를 마셔도 안 되고 머리카락을 자르거나 사체(死體)를 만져서도 안 됩니다(민 6:1~21). 그러나 삼손은 거룩한 소명을 버리고 자기의 욕심을 따라 블레셋 여인을 아내로 맞이했습니다. 하나님의 율법을 거스른 것입니다. 놀라운 사실은 하나님께서 이러한 삼손의 불순종을 원수 블레셋을 진멸하기 위해 사용하신다는 점입니다(삿 14:4). 하나님은 때때로 우리의 죄와 허물과 연약함마저 사용하셔서 원수를 멸망시키시는 분입니다.

　하지만 욕망을 따르는 데 대한 책임은 철저히 삼손이 감당해야 했습니다. 그는 블레셋 사람에게 아내를 빼앗겨 격분했고, 자신의 장인어른을 비롯해 블레셋의 모든 사람들을 치겠다고 결심합니다. 삼손은 300마리의 여우를 붙잡아 두 마리씩 꼬리를 묶고,

횃불을 달아 불을 붙였습니다. 여우는 고통스러운 나머지 이리저리 날뛰었을 것입니다. 여우의 꼬리에 붙은 불은 곡식이 무르익은 밭과 추수한 곡식 단과 포도원과 올리브 나무숲을 불살랐습니다. 150대의 여우꼬리 횃불 전차는 온 블레셋 땅을 광적으로 달리며 나라 전체에 어마어마한 손실을 입혔습니다.

여우의 꼬리에 매단 횃불은 다름 아닌 하나님의 구원 횃불입니다. 이사야 62장 1절에는 하나님께서 예루살렘의 구원이 횃불같이 나타나도록 쉬지 않고 일하신다는 표현이 나옵니다. 또 스가랴서 12장 6절에는 하나님께서 종말적 심판의 때에 유다 지도자들을 곡식 단 사이에 횃불 같게 하셔서 하나님의 백성들을 둘러싸고 대적하는 모든 민족들을 불사를 것이라는 말씀이 있습니다. 이처럼 원수 블레셋을 불사른 여우의 꼬리는 하나님의 구원 횃불이자 성령의 횃불입니다.

구별된 자의 사명에 순종하는가?

삼손의 이야기가 우리에게 주는 몇 가지 교훈을 살펴보려고 합니다. 삼손은 하나님께서 거룩하게 구별하신 나실인으로, 원수 블레셋을 심판하고 이스라엘을 하나님의 뜻대로 다스리고 섬겨야 할 사사의 사명을 가진 자였습니다. 동시에 그는 하나님의 사명을 감당할 수 있는 모든 은사와 초자

연적인 권능으로 엄청난 힘을 발휘하는 능력을 가지고 있었습니다. 한마디로 그는 천하무적이었습니다. 그러나 삼손은 이 어마어마한 은사와 능력을 선물로 받았음에도 성숙한 모습으로 살지 않았습니다. 그는 자신의 육체의 정욕을 따라가며 하나님께서 주신 소중한 사명을 쉽게 버렸습니다. 특히 삼손은 여자의 유혹에 쉽게 넘어갔습니다. 그의 몰락은 마치 여우처럼 사랑스럽고 끈질긴 들릴라를 만난 이후 시작됩니다. 결국 그녀에게 넘어가 머리카락을 잘린 삼손은 힘을 잃었고, 결국 두 눈이 뽑혀 비참한 죄수로 전락하고 맙니다. 물론 삼손이 회개하고 하나님께로 돌아왔을 때 하나님께서 그를 다시 사용하셔서 복수할 수 있었지만, 분명히 그는 사사답게, 사명자답게 살지 못했습니다.

그뿐 아니라 당시 원수 블레셋의 세력 앞에서 하나님의 군대로 부름 받은 이스라엘 백성들도 마찬가지였습니다. 그들은 대적 앞에서 맥을 못 추고 싸울 생각을 하지 않았습니다. 원수 블레셋과 생명을 다해 싸우는 사람은 허물 많고 한심한 삼손 한 사람뿐이었습니다. 사실상 삼손을 포함한 모든 이스라엘 백성들은 하나님이 보시기에 악을 행하였습니다. 그들은 얼마든지 원수를 이길 수 있는 하나님의 백성들과 군대가 있었음에도 순종하지 않았습니다. 이것이 사사시대가 가장 깊은 암흑의 시대가 되고 말았던 이유입니다. 지금 한국교회는 어떻습니까? 천만 성도를 자랑하는 데 급급하지만 실제로도 원수와의 영적 싸움을 열심히 싸우고 있습니까? 중요한 것은 우리가 진정으로 영적 싸움을 하고 있고, 이 싸움에서 승리하고 있는지의 여부입니다. 하나님의 군사들이 아무리 많아도 삼손의 시대처럼 싸우지 않는다면 실상은 깊은 어둠의 때를 살고 있는 것입니다.

포도원을 허는
작은 여우들

이제 삼손이 300마리의 여우를 잡았다는 사실에 주목해 봅시다. 아가서 2장 15절에는 "포도원을 허는 작은 여우"가 등장합니다.

> 우리를 위하여 여우 곧 포도원을 허는 작은 여우를 잡
> 으라 우리의 포도원에 꽃이 피었음이라(아 2:15)

히브리어 원문으로 보면 "작은 여우"는 "작은 여우들", 즉 복수로 표현되어 있습니다. 여우들은 크게 위협적이지 않으며, 작고 귀엽게 보입니다. 그런데 이 작은 여우들이 포도원을 헐어버린다고 합니다. 위협적이지 않고 작게 보이는 대수롭지 않은 것이라고 해서 그냥 내버려두면 그 작은 존재가 엄청난 파괴력을 뿜어낼 수도 있습니다. 이 말씀에 나오는 포도원은 작게는 주님의 신부된 우리 자신과 가정이요, 크게는 교회와 나라가 될 수 있습니다.

우는 맹수처럼 무시무시한 흉악범이나 핵미사일에 대해서는 바

짝 긴장하고 대비하면서도 작은 여우들은 쉽게 방치하는 경우가 많습니다. 대표적인 것이 요즘 전세계적으로 퍼지고 있는 성윤리 붕괴 현상입니다. 이 작은 여우들은 남녀의 경계와 구분을 묘하게 허물어뜨립니다. 그들은 인간의 성(性)은 남자와 여자만 있는 것이 아니라 50가지가 넘는다고 말합니다. 서로 좋아서 저지른 간통은 죄가 아니라 합법이며, 어린아이나 짐승과 성관계를 가지는 것도 합법화해야 한다고 외칩니다. 독특한 성적 취향을 가진 소수의 사람들의 인권과 자유를 보장하라는 목소리가 점점 커지고 있습니다. 그런데 이처럼 심각한 문제를 대수롭지 않게 여기는 사람들이 넘쳐납니다. 우리는 삼손과 같은 사사로운 분노가 아닌 하나님의 공의를 따르는 불같은 분노로 작은 여우들을 잡아야 합니다. 우리의 내면에, 부부관계에, 가정과 교회와 나라 안에 작은 여우들이 도사리고 있지 않은지 점검해 보아야 합니다.

세상을 이기는 하나님의 권능

원수 블레셋을 물리친 용사는 다름 아닌 300마리의 여우였습니다. 삼손에게는 기드온의 300용사와 같은 조력자가 없었습니다. 하나님께서는 홀로 싸워야 하는 삼손에게 300마리의 여우를 주셔서 승리하게 하셨습니다. 여기에서 중요한 사실이 있습니다. 하나님께서는 하나님의 군사들이 모두 잠들어 있을 때 망나니 같은 삼손을 통해 원수들을 진멸하셨다는 것입니다. 이 전쟁은 바로 이스라엘 백성들을 대적하는 원수들을 향한 하나님 자신의 전쟁이요, 승리였습니다.

사도 바울은 감격의 확신 속에서 그리스도의 군사들을 향해 이렇게 외쳤습니다.

> 그런즉 우리가 이 일에 대하여 우리가 무슨 말 하리요 만일 하나님이 우리를 위하시면 누가 우리를 대적하리요(롬 8:31)

그러면서 바울은 우리가 이 세상에 존재하는 모든 피조물의 도전마저도 넉넉히 이길 수 있다고 선언합니다.

> 그러나 이 모든 일에 우리를 사랑하시는 이로 말미암아 우리가 넉넉히 이기느니라(롬 8:37)

그는 우리가 우리를 사랑하시는 주님으로 인해 그냥 이기는 것이 아니라 넉넉히 이긴다고 말했습니다.

또 주님께서는 누가복음 10장 19절에서 이와 같은 약속을 주셨습니다.

> 내가 너희에게 뱀과 전갈을 밟으며 원수의 모든 능력을

제어할 권능을 주었으니 너희를 해칠 자가 결코 없으리

라(눅 10:19)

하나님은 우리에게 원수의 모든 능력을 제어할 권능을 주셨습니다. 하나님께서 허락하지 않으시면 우리를 해할 자가 결단코 없는 것입니다.

무릇 하나님께로부터 난 자마다 세상을 이기느니라

세상을 이기는 승리는 이것이니 우리의 믿음이니라

(요일 5:4)

시대를 구원할 사명에 순종하라!

사사기 15장 20절은 삼손이 사사로 살았던 당시 이스라엘 시대의 모습을 이렇게 결론짓습니다.

블레셋 사람의 때에 삼손이 이스라엘 사사로 이십 년

동안 지냈더라(삿 15:20)

사사 삼손이 다스리던 시대였음에도 불구하고 '이스라엘 사람의 때' 혹은 '사사 삼손의 때'가 아니라 '블레셋 사람의 때'라고 기록되어 있습니다. 하나님께서는 삼손에게 한 시대를 맡겨주셨고, 원수를 제압할 수 있는 모든 은사와 지혜와 능력을 주셨습니다. 그러나 삼손은 영적으로 타락한 삶을 살았고, 이스라엘 백성들 역시 누구 하나 원수와 싸우겠다고 나서지 않았습니다. 사사기 15장 9절 이후를 보면 그들은 심지어 블레셋에 삼손을 넘겨주기까지 합니다. 유다 사람은 무려 3천 명이 있었음에도 불구하고 블레셋 사람 천 명이 두려워 그들의 요구대로 삼손을 밧줄로 결박하여 넘겨준 것입니다.

그런데 동족의 손에 묶여 포로가 된 삼손에게 블레셋 사람들이 소리를 지르며 나아올 때 하나님의 권능이 임했습니다. 삼손은 결박을 풀고 나귀의 턱뼈를 집어 들어 블레셋 사람 천 명을 모두 죽였습니다. 우리는 이 장면을 통해 블레셋을 향한 하나님의 분노와 함께 원수들과 한편이 되어 비참하게 살아가는 자녀들을 향한 하나님 아버지의 탄식을 느껴야 합니다.

사랑하는 여러분, 어느덧 한국 교회의 역사도 130년이 넘어 5만 교회, 1200만 성도라는 놀라운 부흥을 이루었습니다. 이 숫자는 결코 적지 않은 어마어마한 숫자입니다. 그러나 우리는 혹시 하나님께서 이 시대를 '블레셋 사람의 때', '원수들의 때'라고 말씀하고 계시지 않은지 고민해 보아야 합니다. 삼손이 시대를 구원할 사사의 사명을 받았음에도 하나님께서 그의 시대를 '블레셋 사람의 때'라고 명하신 가슴 아픈 비극이 우리에게 일어나지 않기를 간절히 바랍니다. 우리는 하나님 나라를 위해 부름 받은 하나님의 군사들입니다. 제아무리 천만 성도라고 하더라도 잠들어 있다면 소용없습니다. 하나님께서는 한심한 망나니 같은 삼손을 사용하셨던 것처럼 원수와 끝까지 싸우려는 한 명의 사람과 들짐승 300마리를 취해서라도 승리와 구원을 이루어 가실 것입니다. 그리스도의 군사들이여, 깨어 일어나 함성을 지르십시오. 탐심의 질그릇을 깨뜨리고, 그 속에 감춰 있던 성령의 횃불을 치켜들어 알곡이 무르익은 들판에 성령의 불을 지피고 하나님의 위대한 승리에 동참할 수 있기를 기도합니다.

08
열두
물맷돌

인내

야고보서 5장 1-11절

들으라 부한 자들아 너희에게 임할 고생으로 말미암아 울고 통곡하라 너희 재물은 썩었고 너희 옷은 좀먹었으며 너희 금과 은은 녹이 슬었으니 이 녹이 너희에게 증거가 되며 불 같이 너희 살을 먹으리라 너희가 말세에 재물을 쌓았도다 보라 너희 밭에서 추수한 품꾼에게 주지 아니한 삯이 소리 지르며 그 추수한 자의 우는 소리가 만군의 주의 귀에 들렸느니라 너희가 땅에서 사치하고 방종하여 살륙의 날에 너희 마음을 살찌게 하였도다 너희는 의인을 정죄하고 죽였으나 그는 너희에게 대항하지 아니하였느니라 그러므로 형제들아 주께서 강림하시기까지 길이 참으라 보라 농부가 땅에서 나는 귀한 열매를 바라고 길이 참아 이른 비와 늦은 비를 기다리나니 너희도 길이 참고 마음을 굳건하게 하라 주의 강림이 가까우니라 형제들아 서로 원망하지 말라 그리하여야 심판을 면하리라 보라 심판주가 문 밖에 서 계시니라 형제들아 주의 이름으로 말한 선지자들을 고난과 오래 참음의 본으로 삼으라 보라 인내하는 자를 우리가 복되다 하나니 너희가 욥의 인내를 들었고 주께서 주신 결말을 보았거니와 주는 가장 자비하시고 긍휼히 여기시는 이시니라

전지전능하신 농부,
여호와 하나님

바알신은 가나안에서 많이 숭배
했던 풍요의 신입니다. 가나안 사람들은 바알이 비를 지배한다고
믿었기 때문에 풍년을 위해 열심히 바알을 섬겼습니다. 바알에게
바치는 제사에는 바알의 사제가 여사제와 음행을 하는 의식이 있
습니다. 사람들은 이 의식을 하늘에서 내려다본 바알이 성적으로
흥분하여 그의 아내와 성관계를 가지면 그때 비로소 하늘에서 비
가 내린다고 믿었습니다. 이처럼 바알은 성적 쾌락, 권력, 번영,
탐욕을 추구하는 죄성을 가진 인간들의 구미에 딱 들어맞는 기가
막힌 사탄의 발명품이었습니다. 우리는 구약성경을 통해 수많은
하나님의 백성들이 바알을 숭배함으로써 타락하는 것을 확인할
수 있습니다.

바알 숭배는 북이스라엘의 7대왕 아합왕 시대에 절정을 이루었습니다. 이스라엘 백성들은 하나님도 섬기고 바알도 섬겼습니다. 그들은 하나님을 믿고 사랑한다고 말하면서도 바알을 더 열렬히 경배했습니다. 하나님만 믿자니 좀 불안하고 미덥지 못해서 다른 좋은 것도 이것저것 믿어보자는 심산이었습니다. 그러나 하나님 아버지께서는 이러한 믿음을 구원을 이루는 진정한 믿음으로 인정하시지 않으십니다. 참 믿음의 본질은 오직 하나님 말씀에 절대적으로 순종하는 것이기 때문입니다.

선지자 엘리야는 이스라엘 백성들이 하나님 앞에서 낮아져 다시 하나님을 붙들 수 있도록 비가 내리지 않게 해 달라고 기도했고, 그의 기도를 들으신 하나님께서는 3년 6개월 동안 하늘 문을 닫으셨습니다. 그리고 3년 6개월이 지난 후 다시 엘리야가 기도하자 하나님은 하늘 문을 여시고 비를 내려주셨습니다. 하나님께서는 왜 엘리야를 통하여 이런 일을 행하셨을까요? 바알을 숭배한다고 해서 그들이 번영하고 풍요로워지는 것이 아니라는 것을 가르쳐주시기 위해서였습니다. 이스라엘 백성들의 풍요와 번영과 즐거움과 모든 권세의 주인이 하나님 자신에게 있다는 것을 알려주고 싶으셨습니다. 이것은 비단 농사에만 적용되는 진리가 아닙니다. 경제, 정치, 학문, 문화 예술, 국방, 즐거움과 행복과 평안 등 모든 것이 하늘 문을 자유자재로 열고 닫으시는 하나님 아버지에게 달려있습니다. 이스라엘 백성들의 바알신 숭배는 또 다른 모습으로 지금껏 이어지고 있습니다. 21세기는 현대판 바알 숭배에 중독된 시대입니다. 많은 사람들이 돈, 섹스, 권력, 안락함 등 또다른 형태의 바알에게 경배합니다. 이 지독한 중독을 이기는 길은 오직 하나님을 생명 다해, 마음 다해 믿는 것뿐입니다. 하나님께서 성도들에게 주신 기도의 권세는 놀랍습니다. 하나님 아버지의 뜻을 구하는 성도에게는 하늘 문을 자유자재로 매고, 풀고, 여닫을 수 있는 권세를 주셨습니다(마 16:19). 우리 삶의 모든 것을 주관하시고 풍성하게 열매 맺도록 하시는 분은 전지전능하신 농부, 여호와 하나님 한 분뿐임을 굳게 믿어야 합니다.

나는 참포도나무요 내 아버지는 농부라(요 15:1)

주 예수여,
어서 오시옵소서!

야고보서 5장 1-11절 본문은 예수님께서 심판의 주로 다시 오실 때에 관한 가르침을 다루고 있습니다. 여러 가지 연구 자료를 종합해 볼 때 이 편지는 로마 황제들에 의한 대대적인 박해와 핍박이 시작되는 시기에 쓴 것으로 추정됩니다. 박해와 환난의 시기에 초대교회 성도들이 믿음을 굳건히 지킬 수 있었던 유일한 힘은 바로 다시 오실 예수 그리스도를 인내로 소망하는 일이었습니다. 초대 교회 성도들이 '마라나타'라는 문안 인사를 주고받았던 이유입니다. "주 예수여 어서 오시옵소서!"라는 그들의 인사는 당시 그들이 얼마나 힘든 상황에 처해 있었는지를 보여주는 것입니다.

본문 1–6절은 이와 같은 고난의 시기에 결코 해서는 안 될 일에 대해 소개하고 있습니다. 그것은 돈을 하나님처럼 받들면서 사람들을 착취하고 괴롭히고 심지어 죽이기까지 하는 입입니다. 이렇게 경고를 받는 부자들은 당시 막대한 권력과 부를 축적함으로써 사치하고 방종하면서, 자신들의 마음을 살찌우는 교만한 삶을 살았습니다. 부자들로 인해 고난 받는 성도들의 울부짖음이 만군의 여호와 하나님의 귀에 모두 들렸던 것입니다. 하나님께서는 야고보를 통하여 친히 이렇게 경고하셨습니다.

> 들으라 부한 자들아 너희에게 임할 고생으로 말미암아
> 울고 통곡하라(약 5:1)

본문 9절에서는 고난의 시기에 하지 말아야 할 또 다른 일을 소개하고 있습니다.

> 형제들아 서로 원망하지 말라 그리하여야 심판을 면하
> 리라 보라 심판주가 문밖에 서 계시니라(약 5:9)

여기에 나오는 '원망'이라는 단어는 신구약 성경 중에서도 출애굽기, 민수기, 신명기에 가장 많이 등장합니다. 이스라엘 백성

은 광야에서 날마다 하나님의 임재와 엄청난 기적을 체험하면서도 끊임없이 불평하고 원망했습니다. 심지어 그들은 애굽에서 종살이 할 때가 광야에서 죽는 것보다 낫겠다고 말했습니다. 혹시 여러분은 "예수 안 믿을 때가 나았어! 차라리 교회에 가기 전이 더 좋았어!"라며 불평하고 원망할 때는 없었습니까? 고난이 다가왔을 때 원망하고 불평하다 보면 믿음에서 떠나는 것은 시간문제일 수도 있습니다. 우리는 괴롭고 두려운 순간에 초대 교회 성도들처럼 "마라나타! 주 예수여 어서 오시옵소서!"라고 크게 외쳐야 합니다. 예수 그리스도를 인내로 소망하는 것만이 믿음을 굳건히 지킬 수 있는 유일한 길입니다.

농부와 선지자들과 욥의 인내

본문 7절 이하에서는 마지막 때를 살아가는 성도들에게 인내의 본을 보여주는 인물들을 소개하고 있습니다. 바로 농부와 선지자들과 욥입니다.

농부는 인내심의 절정을 보여주는 모델입니다.

> 그러므로 형제들아 주께서 강림하시기까지 길이 참으라 보라 농부가 땅에서 나는 귀한 열매를 바라고 길이 참아 이른 비와 늦은 비를 기다리나니(약 5:7)

농사의 성패는 적당한 양의 비가 결정합니다. 그래서 농부는 귀한 열매를 바라며 오랜 시간 동안 인내하며 이른 비와 늦은 비를 기다립니다. 우리 또한 모든 일을 열매 맺게 하는 주관자이신 전능하신 하나님을 믿고 간절히 기도하며 인내해야 합니다.

선지자들 또한 훌륭한 인내의 모델입니다.

형제들아 주의 이름으로 말한 선지자들을 고난과 오래 참음의 본으로 삼으라(약 5:10)

신구약 성경의 선지자들은 예외 없이 고난 중에도 오래 참는 삶의 본을 보여주었습니다. 그들은 모두 세상을 떠났지만 그들이 맺은 믿음과 진리의 열매는 영원히 남아 있습니다.

욥은 모든 성도가 본받아야 할 인내의 모델입니다.

보라 인내하는 자를 우리가 복되다 하나니 너희가 욥의 인내를 들었고 주께서 주신 결말을 보았거니와 주는 가장 자비하시고 긍휼히 여기시는 이시니라(약 5:11)

욥은 오늘날로 보면 매우 신실한 장로이며, 그의 아내 역시 훌륭한 믿음을 가졌습니다. 그는 열 명의 자녀와 많은 재산을 소유한 부자였습니다. 또 그에게는 경건한 신앙을 가진 좋은 친구들도 있었습니다. 한마디로 그는 매우 행복하게 살고 있었습니다. 그런데 하나님으로부터 의인으로 인정받은 욥이 못마땅한 사탄은 하나님 앞에서 그를 참소합니다. "욥이 하나님을 잘 섬기는 것은 그에게 큰 축복을 주셨기 때문입니다. 그 복을 모두 빼앗아 보십시오. 틀림없이 하나님을 저주하고 욕할 것입니다." 하나님께서는 사탄이 요구한 대로 욥에게 모든 환난을 허락하십니다. 욥은 아무런 죄도 없이 하루아침에 모든 것을 잃고 어마어마한 고난으로 내몰렸습니다. 그는 자녀와 재산을 잃었고 종들도 도망가 버렸습니다. 가장 가까운 친구는 그를 멸시하며 천벌을 받았다고 조롱했습니다. 끝까지 함께해 줄 거라고 믿었던 아내마저도 욥을 버리고 떠났습니다. 심지어 그는 피부암 같은 악성 종기 때문에 기와 조각으로 몸을 긁어야 했습니다. 욥은 사람들에게 완전히 버려져 죽을 수도 없는 상태로 처절한 환난을 통과해야 했습니다. 인류의 역사 속에서 욥과 같은 환난을 받았던 사람은 찾아보기 드물 것입니다.

그러나 욥은 자비로우시고 긍휼이 많으신 하나님에 대한 믿음을 버리지 않았습니다. 그는 극한 환난의 때를 끝까지 인내했습니다. 결국 욥은 사망의 음침한 골짜기에서도 끝까지 인내했고, 하나님께서는 그의 고난을 돌이키시며 이전보다 갑절이나 더한 축복을 더해주셨습니다.

성경은 주님께서 다시 오실 때에 신실한 성도들이 홀연히 하늘로 들림을 받는다고 말씀합니다. 공중에서 어린 양의 혼인 잔치에 참여하게 되는 것입니다. 우리는 그때를 기다리며 끝까지 인내해야 합니다.

> 모든 것을 참으며 모든 것을 믿으며 모든 것을 바라며
> 모든 것을 견디느니라(고전 13:7)

우리가 고난의 시기를 소망과 기쁨 가운데 인내할 수 있는 것은 우리의 능력으로는 불가능합니다. 그것은 바로 하나님 사랑의 능력, 예수 그리스도의 사랑의 능력으로 가능한 것입니다. 산모가 죽음과도 같은 해산의 진통을 끝까지 견디는 것은 아기를 생명 다해 사랑하기 때문입니다. 하나님께서는 환난의 때에 죽음보다 강한 사랑을 부어주심으로 자녀들이 능히 인내할 수 있게 해 주십니다.

이른 비와
늦은 비

이른 비와 늦은 비는 이스라엘 백성들이 가나안 땅에서 농사를 지을 때 매우 중요한 조건이었습니다. 대개 이른 비는 씨를 뿌린 직후에 내리는데, 가나안 땅에서는 10월 하순과 11월 상순에 내리는 비를 말합니다. 이른 비는 땅에 뿌린 씨앗이 싹을 틔우고 잘 자랄 수 있게 해 줍니다. 이른 비는 말씀의 씨앗이 뿌려진 초대교회의 오순절 성령 강림의 역사와 같습니다. 성령의 이른 비로 인하여 초대교회는 싹을 틔웠고 건강하

게 성장할 수 있었습니다. 늦은 비는 곡식이 익어가는 3월과 4월에 내리는 것으로, 농작물을 추수하기 전에 알곡이 잘 영글게 하는 데 결정적인 역할을 합니다. 늦은 비는 2,000년 교회 역사 가운데 예수님께서 심판의 주로 오실 날이 점점 가까워지는 때에 부어지는 성령의 크고 놀라운 역사입니다. 선지자 요엘은 교회의 역사에서 매우 중요한 예언을 했습니다.

> 그 후에 내가 내 영을 만민에게 부어 주리니 너희 자녀들이 장래 일을 말할 것이며 너희 늙은이는 꿈을 꾸며 너희 젊은이는 이상을 볼 것이며 그 때에 내가 또 내 영을 남종과 여종에게 부어줄 것이며(욜 2:28-29)

이어지는 요엘서 2장 30-32절을 살펴볼 때, 이 예언은 예수님께서 다시 오시기 직전의 늦은 비, 즉 성령의 기름 부으심(the anointing)에 관한 예언으로 해석할 수 있을 것입니다.

성령의 기름 부으심이 일어날 때

성령의 기름 부으심이 나타나면 전세계의 교회와 성도들에게는 어떤 일이 일어나게 될까요? 우선 더욱 풍성한 성령의 열매를 맺게 될 것입니다(갈 5:22-23). 성령의 열매는 주님의 아름다운 성품을 닮게 되는 인격적인 열매입니다. 그런데 삶의 모든 일들이 순조로울 때는 성령의 열매가 쉽게 열리지 않습니다. 오히려 하나님께서는 고난 받으며 수고하는 괴로운 순간에 선한 열매를 맺게 하십니다. 주님은 우리가 육체의 정욕과 탐심을 십자가에 못 박을 때 성령의 열매를 맺게 해 주십니다.

성령의 기름 부으심은 익어가는 곡식을 더욱 영글게 하는 늦은 비처럼 전세계의 교회가 놀랍게 성장하고 부흥하여 풍성한 열매들을 거두게 하실 것입니다. 그뿐 아니라 지금까지는 불가능에 가깝던 나라와 민족들에게 어마어마한 복음 전도와 선교와 부흥의 역사가 나타날 것입니다. 일본, 티벳, 인도, 미얀마, 중앙아시아, 이슬람 중동권, 북한과 같은 복음의 불모지에도 늦은 비를 흠뻑 머금은 복음의 꽃이 피어날 것입니다. 모든 나라의 수많은 사람들이 예수 그리스도를 영접함으로써 구원받는 놀라운 역사가 펼쳐지게 될 것입니다.

늦은 비의 성령이 부어지기 시작할 때 우리는 어떤 태도를 가져야 할까요? 물이 제대로 공급되지 않는 섬마을에 비가 내리면 사람들은 집안에 있는 그릇, 물통, 양동이 따위를 모두 꺼내어 빗물을 받을 것입니다. 이처럼 우리는 마음과 영혼을 활짝 열어 성령의 비를 환영하며 만끽해야 합니다. 우리가 고수해 온 영과 육과 혼의 고집과 습관과 편견을 모두 버리고, 새벽이슬을 담뿍 머금은 풀잎처럼 성령께서 부어주시는 단비를 흠뻑 맞아야 합니다. 세상이 점점 더 어지러워지더라도 우리는 성령의 기름 부으심을 통해 주님의 아름다운 성품을 열매 맺을 수 있습니다. 성령의 역사에 동참함으로써 영적 전쟁에서 놀라운 승리를 거두고 마침내 풍성한 전리품을 취하게 될 것입니다. 그리하여 다시 오실 예수 그리스도의 영원한 영광에 동참하게 될 것입니다.

종교개혁자 칼빈은 "이 세상에서 주를 위하여 희생하고 참고 견디는 자의 결과보다 더 확실한 결말은 없다"고 말했습니다. 우리는 풍성한 열매를 위해 오래도록 인내하며 이른 비와 늦은 비를 기다리는 농부의 마음으로, 이 세상을 주관하시는 전능하신 하나님을 간절히 소망하고 믿고 기도하며 인내해야 합니다.

09 열두
물맷돌

믿음

요한일서 5장 1-5절

예수께서 그리스도이심을 믿는 자마다 하나님께로부터 난 자니 또한 낳으신 이를 사랑하는 자마다 그에게서 난 자를 사랑하느니라 우리가 하나님을 사랑하고 그의 계명들을 지킬 때에 이로써 우리가 하나님의 자녀를 사랑하는 줄을 아느니라 하나님을 사랑하는 것은 이것이니 우리가 그의 계명들을 지키는 것이라 그의 계명들은 무거운 것이 아니로다 무릇 하나님께로부터 난 자마다 세상을 이기느니라 세상을 이기는 승리는 이것이니 우리의 믿음이니라 예수께서 하나님의 아들이심을 믿는 자가 아니면 세상을 이기는 자가 누구냐

때를
분별하는 일

이 세상에서 예수님 다음으로 가장 지혜로웠던 하나님의 사람이 있다면 그는 바로 솔로몬 왕일 것입니다. 솔로몬은 이방의 여인들을 아내로 받아들이기 시작하면서 하나님을 떠나 부패하고 타락하기도 했지만, 그럼에도 불구하고 그는 역사 속에서 가장 지혜로웠던 사람으로 기억되고 있습니다.

솔로몬은 전도서에서 우리가 겸비해야 할 중요한 지혜를 알려주었습니다.

범사에 기한이 있고 천하만사가 다 때가 있나니(전 3:1)

때를 분별하는 것은 인생에서 매우 중요한 지혜 중 하나입니다. 그런데 때를 분별하기 위해서는 시와 때를 주관하시는 하나님의 뜻을 알아야 합니다. 세상의 여러 가지 학문과 과학적 기법도 때를 분별하는 데 도움이 되겠지만, 가장 근본적으로는 모든 것을 통달하시는 성령의 도우심이 있어야 가능한 것입니다. 그래서 때를 제대로 분별하려면 늘 성령으로 충만함을 받아 하나님의 뜻을 구하는 자세가 필요합니다.

예수님께서는 표적을 구하는 유대 지도자 바리새인과 사두개인들에게 이렇게 말씀하셨습니다.

> 아침에 하늘이 붉고 흐리면 오늘은 날이 궂겠다 하나니
> 너희가 날씨는 분별할 줄 알면서 시대의 표적은 분별할
> 수 없느냐(마 16:3)

이것은 하늘의 형상과 징조를 해석하는 법은 알면서 시대의 사인과 표징은 분별하지는 못하는 유대 지도자들의 어리석음을 책망하신 말씀입니다.

마태복음 24장 3절에서 예루살렘 성전이 완전히 파괴되어 무너질 것이라고 말씀하신 주님께 제자들은 이렇게 물었습니다.

> 어느 때에 이런 일이 있겠사오며 또 주의 임하심과 세
> 상 끝에는 무슨 징조가 있사오리이까(마 24:3)

제자들은 주님께 때의 징조, 즉 때를 분별할 수 있는 방법을 물어본 것입니다.

우리는 마태복음 24장 4-12절이 증거하는, 예수님께서 심판의 주로 다시 오실 때에 관한 징조들을 미루어 볼 때 주님이 오실 때가 더욱 가까워졌음을 알 수 있습니다. 그렇다면 주님께서 다시 오실 때가 가까워진 지금 교회와 성도들은 이때를 어떻게 해석해야 할까요?

> 사랑할 때가 있고 미워할 때가 있으며 전쟁할 때가 있고 평화 할 때가 있느니라(전 3:8)

한국 교회를 둘러싸고 있는 영적 상황들을 성경 말씀을 따라 살펴보면 지금은 사랑할 때입니까, 아니면 미워해야 할 때입니까? 우리는 사랑해야 할 때도 있고, 거룩한 분노를 느껴야 할 때도 있습니다. 여러분이 진정으로 하나님을 사랑한다면 하나님의 뜻을 대적하는 사람들에 대한 거룩한 분노를 느끼는 것은 지극히 정상적인 반응입니다. 지금은 치열한 영적 전쟁을 감당해야 할 때입니까, 아니면 평화를 누리는 때입니까? 만약 지금이 치열한 영적 전쟁을 감당해야 하는 때라면, 우리는 전심을 다해 영적 싸움을 감당해야 하는 순간에 "평화로다! 평화로다!"라고 외쳐서는 안 될 것입니다. 이처럼 우리는 때를 제대로 분별할 수 있어야 상황에 맞는 대처도 할 수 있게 됩니다.

영적 전쟁으로
나아가야 할 때

만약 지금이 치열한 영적 전쟁으로 나아가야 할 때라면, 교회와 성도들의 모습은 어떠해야 할까요? 에베소서 6장 10절 이하에 소개되고 있듯이, 전투하는 교회와 그리스도의 군사가 되어야 할 것입니다. 과연 여러분의 교회는 영적 싸움을 제대로 감당하는 강한 군대의 면모를 지닌 하나님의 군대입니까? 우리는 대장이신 주님의 명령에 절대적으로 순복하는 그리스도의 강력한 군사로 준비되어야 합니다.

2차 대전 당시 독일과의 전쟁에서 영국을 승리로 이끌었던 수상 윈스턴 처칠은 "경쟁의 세계에는 두 가지 단어밖에 없다. 이기느냐, 지느냐 뿐이다"라는 말을 남겼습니다. 이 세상의 모든 피조물은 본질상 서로 원수가 되어 전쟁하는 관계에 있습니다. 그래서 전쟁에서 이긴 자가 결국 모든 것을 쟁취하게 되어 있습니다. 어떤 싸움이든 승자만 살아남는 것입니다. 영적 전쟁도 마찬가지입니다. 승자는 영원한 승리의 영광에 참여하게 되지만, 패자는 영원한 심판에 처합니다. 물론 영적 전쟁에서 몇 번 패배한다고 완전히 멸망하는 것은 아닙니다. 영원한 멸망으로 나아가기까지의 과정이 있습니다. 요한복음 10장 10절은 그 과정을 이렇게 설명하고 있습니다.

> 도둑이 오는 것은 도둑질하고 죽이고 멸망시키려는 것
> 뿐이요(요 10:10)

도둑은 처음에는 우리 자신이 알아차리기도 어려울 만큼 몰래 몰래 훔쳐갑니다. 그들은 우리의 기쁨, 은혜, 지혜, 능력, 건강, 물질 등을 야금야금 강탈하면서 우리를 영적으로, 육적으로 멸망시키려고 합니다. 그들의 최종 목표는 우리가 하나님을 떠나서 영원한 멸망에 이르게 하는 것입니다. 그러므로 우리는 정신을 바짝 차려야 합니다. 마귀에게 틈을 내주지 말고 매순간 하나님의 능력과 지혜로 승리하는 습관을 가져야 합니다.

요한일서 5장 1-5절 본문은 AD 90-95년경 사도 요한이 하나님의 계시의 말씀을 받아 소아시아 지역의 교회들에게 보낸 편지입니다. 당시 소아시아 교회들은 로마의 황제 도미티아누스의 극심한 박해를 받고 있었습니다. 또 많은 사람들은 세속적 유혹과 이단의 그럴듯한 미혹으로 인하여 타락함으로 믿음을 포기하기도 했습니다. 그 소식을 들은 사도 요한은 소아시아 지역의 성도들을 비롯해 향후 그의 편지를 읽게 될 수많은 하나님의 자녀들에게 어떤 상황 속에서도 다시 오실 주님을 의지함으로 승리해야 한다고 권면합니다. 본문 4절은 사도 요한이 요한일서를 기록한 목적이 명확하게 드러나는 대목입니다.

> 무릇 하나님께로부터 난 자마다 세상을 이기느니라. 세상

을 이기는 승리는 이것이니 우리의 믿음이니라(요일 5:4)

우리가 승리해야 할 대상은 세상입니다. 우리가 쟁취해야 할 승리는 세상을 이기는 승리인 것입니다. 그렇다면 성경적으로 볼 때 이 세상은 어떤 곳이라고 말할 수 있을까요?

> 이 세상이나 세상에 있는 것들을 사랑하지 말라 누구든
> 지 세상을 사랑하면 아버지의 사랑이 그 안에 있지 아
> 니하니(요일 2:15)

이 세상은 수많은 죄의 유혹을 떨쳐내며 영적으로 대적해야 할 대상입니다. 그러나 요한복음 3장 16절을 보면 또 다른 관점이 생깁니다.

> 하나님이 세상을 이처럼 사랑하사 독생자를 주셨으니
> 이는 그를 믿는 자마다 멸망하지 않고 영생을 얻게 하
> 려 하심이라(요 3:16)

이 세상은 우리가 마땅히 대적해야 하는 동시에 하나님의 사랑으로 사랑해야 하는 대상입니다. 하나님께서는 이 세상을 자신의 독생자를 내어주실 정도로 사랑하십니다. 결코 포기하지 못하시는 것입니다.

이처럼 우리는 한편으로는 이 세상을 하나님의 사랑으로 사랑하고 또 한편으로는 영적으로 대적해야 합니다. 그리고 사도 요한은 본문을 통해, 우리가 이와 같은 세상을 믿음으로 말미암아 승리할 수 있다고 담대히 선언하고 있습니다(요일 5:4).

승리를 위한 준비

이제 우리가 세상을 이기기 위해 준비해야 할 일들을 본격적으로 살펴보려고 합니다.

첫째, 예수 그리스도를 믿는 우리는 자기 정체성을 확립해야 합니다. 하나님의 자녀로서의 정체성이 무너지면 다른 모든 것은 한순간에 무너질 수 있습니다. 본문 5장 1절은 이렇게 증언하고 있습니다.

> 예수께서 그리스도이심을 믿는 자마다 하나님께로부터 난 자니 또한 낳으신 이를 사랑하는 자마다 그에게서 난 자를 사랑하느니라(요일 5:1)

성도의 확신과 담대함은 하나님 아버지께서 우리에게 주신 약속의 보증 수표에 있습니다. "내가 보낸 구원자 예수 그리스도를 믿는 너희들은 나의 자식이다!" 이와 같은 주님의 약속의 말씀을 믿는 확고한 정체성이 모든 능력과 담대함의 원천이 되는 것입니다. 비록 우리는 죄로 인해 고통 받는 고달픈 인생을 살고 있지만, 그럼에도 불구하고 우리는 왕이신 하나님 아버지의 왕자요, 공주라는 사실을 잊어서는 안 됩니다. 하나님께서 우리를 자녀로 삼아 주신다는 약속은 그야말로 엄청난 특권입니다. 미국의 트럼프 대통령의 딸 이방카가 한국을 방문했을 때 그녀는 수많은 경호원들에 둘러싸여 보호를 받았습니다. 그뿐 아니라 그녀는 우리나라 대통령 내외의 환영을 받으며 청와대 만찬에 초대되는 등 국빈으로 극진한 대접을 받았습니다. 대통령의 딸의 신분으로도 이토록 융숭한 대접을 받을진대 하물며 만왕의 왕이요, 우주만물을 다스리시는 하나님 아버지의 아들딸인 우리는 오죽하겠습니까? 비록 이 땅에서 힘들게 살아간다고 하더라도 우리의 정체성은 하나님 아버지의 자녀라는 사실을 결코 잊어서는 안 될 것입니다.

둘째, 앞서 언급했듯이 성도는 세상을 이기는 승리에 대한 약속을 믿어야 합니다(요일 5:4). 사도 바울은 성도의 승리에 대해서 이렇게 말했습니다.

> 그러나 이 모든 일에 우리를 사랑하시는 이로 말미암아 우리가 넉넉히 이기느니라(롬 8:37)

또 바울은 고린도전서 15장 57절에서 이렇게 고백하고 있습니다.

> 우리 주 예수 그리스도로 말미암아 우리에게 이김을 주
> 시는 하나님께 감사하노니(고전 15:57)

그런데 우리는 요한일서 5장 4절에 나타난 '세상을 이기는 믿음'을 "예수님은 나의 구원자이십니다. 아멘"하고 끝내는 단순한 지적 동의로만 해석해서는 안 됩니다. 이러한 믿음은 영원한 심판에 떨어질 귀신들도 가지고 있기 때문입니다.

> 네가 하나님은 한 분이신 줄을 믿느냐 잘하는도다 귀신
> 들도 믿고 떠느니라(약 2:19)

세상을 이기는 성도의 믿음은 올인(All in)하는 믿음입니다. 우리는 한 가지 일에 모든 힘을 쏟을 때 '올인한다'라는 표현을 사용합니다. 올인하는 믿음은 아브라함이 백세에 얻은 자신의 아들 이삭을 하나님께 드리는 것과 같은 믿음입니다. 올인하는 믿음은 우리의 생명과 마음과 뜻과 힘을 하나님께 드리는 믿음입니다. 이러한 믿음을 가질 때 우리는 비로소 이 세상의 모든 것을 이길 수 있는 것입니다.

셋째, 마음과 목숨과 뜻과 힘을 다하여 하나님을 사랑해야 합니다.

> 네 마음을 다하고 목숨을 다하고 뜻을 다하고 힘을 다

하여 주 너의 하나님을 사랑하라 하신 것이요(막 12:30)

'오직 하나님께로부터 난 자들'인 성도들은 하나님을 사랑하게 되어 있습니다(요 1:13). 또한 우리는 주님 안에서 한 지체인 다른 성도들을 사랑할 수 있으며, 더 나아가 원수마저도 사랑하는 단계까지 성장할 수 있습니다. 본질적으로 서로 원수가 되어 으르렁대는 이 세상 속에서 우리는 하나님 사랑으로 승리할 수 있는 것입니다. 우리는 십자가에서 나타난 예수 그리스도의 사랑으로 사랑할 수 있습니다. 죄인 된 우리를 생명 다해 사랑하신 주님의 사랑으로 사랑할 수 있습니다. 사도 요한은 "하나님은 사랑이시다"라고 선언했습니다. 우리는 사랑 그 자체이신 하나님의 사랑으로 모든 것을 이길 수 있습니다. 이 세상에서 벌어지는 모든 전쟁, 특히 영적 전쟁의 최종적 승자는 다름 아닌 사랑입니다.

신앙생활은 무거운 종교적 짐을 어깨에 지고 자유를 빼앗긴 채 그저 체면과 겉치레로 믿는 것이 아닙니다. 진정한 신앙생활은 마음과 목숨과 뜻과 힘을 다하여 하나님을 사랑하며 살아가는 삶입니다. 주님께서 우리에게 명하신 제1의 계명에 온전히 순종할 때 우리는 율법의 멍에를 벗고 자유를 누릴 수 있습니다.

사실 신앙생활을 하면 마음에 부담을 느끼기 십상입니다. 주일 성수하라, 봉사하라, 헌금 생활을 잘하라, 신앙훈련을 받으라, 새벽기도에 나오라…. 웬 요구사항이 이렇게도 많은지, 무언(無言)의 압력이 마음에 짐으로 다가오는 성도들도 많을 것입니다. 그러나 하나님을 생명 다해 열렬히 사랑하는 성도는 주님께 모든 것을 내어드려도 아깝지가 않습니다. 오히려 더 많이 드리지 못해 안타까워합니다. 하나님을 생명 다해 사랑하는 사람은 주님을 위한 헌신을 버거운 짐으로 느끼지 않습니다. 그는 좁은 길을 걸으면서도 밤낮 기뻐하는 자입니다. 즐거운 마음으로 십자가를 지고 걸어가는 자입니다. 주님께 무거운 짐을 맡기고 가볍게 걸어가는 행복을 맛보는 자입니다.

하나님을 사랑하는 것은 이것이니 우리가 그의 계명들을 지키는 것이라 그의 계명들은 무거운 것이 아니로다
(요일 5:3)

넷째, 세상을 이기기 위해서는 영적으로 무장해야 합니다. 악한 원수 마귀는 '공중의 권세 잡은 자'입니다. 이 세상에서 벌어지는 온갖 악한 일들은 마귀로부터 온 것입니다. 그러므로 공중 권세를 잡은 마귀의 지배를 받고 있는 이 세상과 싸우기 위해서는 영적 무장이 필수입니다. 사도 바울은 에베소서 6장에서 영적 전쟁의 실상을 언급하면서 이와 같은 결론을 내렸습니다.

그러므로 하나님의 전신 갑주를 취하라 이는 악한 날에 너희가 능히 대적하고 모든 일을 행한 후에 서기 위함이라(엡 6:13)

바울은 악한 날에 대비하여 하나님의 전신 갑주로 무장해야 한다고 말했습니다. 이 말씀은 우리가 성령 안에서 날마다 깨어 기도하면 우리의 속사람이 강건해져서 하나님의 능력으로 말미암아 원수를 능히 대적하고 승리할 수 있게 된다는 의미입니다.

다섯째, 세상을 이기기 위해서는 예수 그리스도의 십자가의 승리를 본받아야 합니다. 십자가의 승리는 가장 위대한 승리의 모델입니다.

> 오직 부르심을 받은 자들에게는 유대인이나 헬라인이
> 나 그리스도는 하나님의 능력이요 하나님의 지혜니라
> (고전 1:24)

이 말씀은 주님의 십자가가 성도들에게 어떤 의미인지 보여주고 있습니다. 예수님께서 십자가에 무력하게 못 박히신 순종은 원수의 능력을 압도하는 하나님의 능력이요, 원수의 간계를 이기는 하나님의 지혜의 절정입니다. 우리나라 전쟁사에서 이와 같은 영적 원리를 가장 잘 보여주었던 사람은 이순신 장군입니다. 임진왜란, 정유재란에서 이순신 장군이 보여주었던 필사즉생(必死則生)의 투지는 전승을 거두게 했습니다. 조국을 위해 죽기를 각오하는 투혼을 발휘하자 눈부신 승리를 거두게 된 것입니다. 여러분은 죄악이 넘치고 문제로 가득 찬 이 세상에서 승리하기를 원하십니까? 그렇다면 필사즉생의 정신을 품으십시오. 죽기까지 순종하십시오. 생명 다해 주님을 사랑하십시오. 우리에게 "죽으면 죽으리라!"고 결의했던 에스더의 믿음이 나타날 때, 비로소 우리는 사망의 권세를 깨뜨리고 세상을 이길 수 있습니다.

하나님께서는 이스라엘 백성들이 고통 가운데 있을 때 이사야 선지자를 통하여 위로와 회복의 말씀을 주셨습니다. 성령께서는 이사야 선지자를 통해 예수님께서 심판의 주로 다시 오실 때를 소망하며 주님의 길을 예비하라는 예언적 권면을 하셨습니다.

> 성문으로 나아가라 나아가라 백성이 올 길을 닦으라 큰 길을 수축하고 수축하라 돌을 제하라 만민을 위하여 기치를 들라(사 62:10)

사랑하는 여러분, 우리는 주님의 길을 예비하는 그리스도의 군사가 되어야 합니다. 다시 오실 주님을 바라보고 오직 믿음으로 전진해야 합니다. 낙심되고 좌절하고 상처를 입더라도 하나님의 사랑의 능력으로 오뚝이처럼 다시 일어나서 전진해야 합니다. 만민을 위하여 승리의 깃발을 높이 치켜들고 나아가야 합니다. 6.25 전쟁 당시 낙동강 최후 방어선을 사수했을 때 어느 무명의 용사가 민족 통일을 바라보고 전진하며 불렀던 '전우야 잘 자라'라는 노래가 있습니다.

전우야 잘 자라

전우의 시체를 넘고 넘어 앞으로 앞으로
낙동강아 잘 있거라 우리는 전진한다
원한이야 피에 맺힌 적군을 무찌르고서
꽃잎처럼 사라져간 전우야 잘 자라

이 노래의 가사를 보면 전쟁터에서 전우의 시체를 넘고 넘어 전진해야만 했던 군인의 애잔한 마음이 느껴져 마음이 먹먹해집니다. 영적 전쟁터인 이 세상에는 믿음을 포기하고 영적으로 죽어가는 사람들이 있습니다. 죄와 세상과 타협하여 부패하고 타락한 모습으로 살아가는 영적 패배자들이 있습니다. 우리는 이처럼 참혹한 영적 전쟁의 현실 속에서 생명 다해 주님을 사랑하고 끝까지 주님을 신뢰함으로써 이 세상과 싸워 승리해야 합니다. 모든 성도들이 오직 굳건한 믿음으로 어린 양 예수께서 가신 길을 끝까지 따라 갈 수 있기를 축원합니다.

10
열두
물맷돌

철장 권세

시편 2장 1-12절

어찌하여 이방 나라들이 분노하며 민족들이 헛된 일을 꾸미는가 세상의 군왕들이 나서며 관원들이 서로 꾀하여 여호와와 그의 기름 부음 받은 자를 대적하며 우리가 그들의 맨 것을 끊고 그의 결박을 벗어 버리자 하는도다 하늘에 계신 이가 웃으심이여 주께서 그들을 비웃으시리로다 그 때에 분을 발하며 진노하사 그들을 놀라게 하여 이르시기를 내가 나의 왕을 내 거룩한 산 시온에 세웠다 하시리로다 내가 여호와의 명령을 전하노라 여호와께서 내게 이르시되 너는 내 아들이라 오늘 내가 너를 낳았도다 내게 구하라 내가 이방 나라를 네 유업으로 주리니 네 소유가 땅 끝까지 이르리로다 네가 철장으로 그들을 깨뜨림이여 질그릇 같이 부수리라 하시도다 그런즉 군왕들아 너희는 지혜를 얻으며 세상의 재판관들아 너희는 교훈을 받을지어다 여호와를 경외함으로 섬기고 떨며 즐거워할지어다 그의 아들에게 입맞추라 그렇지 아니하면 진노하심으로 너희가 길에서 망하리니 그의 진노가 급하심이라 여호와께 피하는 모든 사람은 다 복이 있도다

그리스도의
통치권

시편 2편에서 가장 핵심적인 주제를 한 마디로 정리해 보면 '그리스도의 통치권'이라고 할 수 있습니다. 그리고 이 주제를 중심으로 4개의 소주제로 나눌 수 있는데 그 내용은 다음과 같습니다.

첫째, 본문 1-3절은 왕으로 기름부음 받은 메시아를 대적하는 세상의 나라들과 민족들과 지도자들의 모습을 소개하고 있습니다. 2절에서는 그들이 메시아를 대적하는 모습을 '서로 꾀하여 대적한다'고 표현하고 있습니다. 즉 악한 세력들이 연합함으로 서로 동맹을 맺어 메시아를 대적하는 것입니다.

둘째, 본문 4-6절은 메시아의 통치를 거부하는 자들에 대한 하나님 아버지의 반응을 다루고 있습니다. 하나님께서는 범 무서운 줄 모르는 하룻강아지와 같은 그들을 비웃으셨고 또 진노하셨습니다.

셋째, 본문 7-9절은 예수 그리스도께서 자신의 통치권으로 땅끝까지 다스리시는 모습을 설명하고 있습니다. 9절은 이 과정을 통해 주님께서 자신을 대적하는 자들을 철장으로 질그릇 같이 깨뜨리신다고 말씀합니다. 여기에 나오는 철장은 단순히 적을 공격할 때 사용하는 무기가 아닌 왕의 홀(笏), 즉 왕의 통치권을 상징하는 지휘봉으로 이해하는 것이 적절할 것입니다. 그래서 NIV 영어 성경에서는 철장을 Scepter(왕의 홀)로 번역하고 있습니다. 본문은 그리스도의 통치를 어느 누구도 거절할 수 없으며, 그리스도의 통치를 대적하는 자들은 결국 만왕의 왕의 홀 앞에서 굴복하고 망하게 된다고 경고하고 있습니다.

넷째, 본문 10-12절은 세상의 지도자들이 그리스도의 통치를 받아들이고 그분을 경외하면 복을 받지만 그렇지 않으면 왕의 진노로 인하여 망하게 될 것이라고 말씀합니다. 12절에는 메시아이신 예수 그리스도께 입을 맞춘다는 표현이 나옵니다. 이것은 왕에게 복종하겠다는 의미로 고대 근동에서 행해지던, 충성을 맹세하는 행동이라고 보면 됩니다. 이를 통해 우리는 그리스도의 통치에 대한 태도에 따라 영원한 영광과 심판으로 마지막 운명이 결정된다는 것을 알 수 있습니다. 아무리 기도를 많이 하고 봉사를 열심히 하더라도 그것이 단지 자신의 정욕과 의를 따르는 열심에 불과하다면 그는 형통하지 못할 것입니다. 그의 인생은 하나님의 충만

한 복을 누리지 못한 채 문제로 얽힌 삶을 살게 될 것입니다. 신앙
생활에서 무엇보다 중요한 것은 왕이신 주님의 통치권을 삶의 모
든 영역에서 인정하고 순종하는 일입니다. 우리는 하나님으로부
터 내려오는 진정한 풍요와 행복과 능력은 온전한 순종을 통해 누
릴 수 있다는 것을 기억해야 합니다.

예수 그리스도의
합법적 권세

하나님은 세상 만물을 창조하시
고 여섯째 날에 인간을 창조하셨습니다. 그리고 인간에게 생육하
고 번성하여 땅을 정복하고 모든 생물을 다스리라고 명령하셨습
니다.

> 하나님이 그들에게 복을 주시며 하나님이 그들에게 이
> 르시되 생육하고 번성하여 땅에 충만하라, 땅을 정복하
> 라, 바다의 물고기와 하늘의 새와 땅에 움직이는 모든
> 생물을 다스리라 하시니라(창 1:28)

이처럼 하나님께서는 우리를 만왕의 왕의 뜻을 대행하는 왕 같
은 제사장으로 살도록 창조하셨습니다. 그러나 우리는 죄로 인하
여 세상에 대한 통치권을 사탄에게 모두 빼앗기고 맙니다. 불법자

사탄은 인간으로 하여금 죄를 짓게 함으로써 하나님의 공의의 법을 따라 합법적으로 세상을 다스리는 임금이 되었던 것입니다. 이것이 이 세상에서 끝없는 비극과 고통이 이어지게 된 이유입니다. 결국 세상과 인간의 문제를 해결하기 위해서는 죄의 문제가 해결되어야 했고, 이를 위해서는 사탄으로부터 빼앗긴 통치권을 다시 합법적으로 되찾는 과정이 필요했습니다. 그래서 죄가 없으신 예수님께서 우리의 죄를 대속하시기 위해 십자가에 못 박히셔서 죽으신 것입니다. 그리고 주님께서는 부활하심으로 세상에 대한 마귀의 권세를 빼앗으시고 마침내 하늘과 땅의 모든 권세를 회복하셨습니다.

현실적으로는 여전히 마귀가 이 세상에서 제왕적으로 군림하는 것처럼 보이지만, 예수 그리스도께서 십자가에서 죽으시고 부활하심으로써 마귀의 모든 권세는 불법적 권세가 되어버렸습니다. 우리가 공의로우신 하나님의 법 앞에서 예수 그리스도의 이름으로 사탄의 세력을 꾸짖으면, 그 이름의 권세로 인하여 사탄은 복종할 수밖에 없는 것입니다. 우리에게 주어진 예수 그리스도의 합법적 왕권은 마귀의 불법적 권세를 제압하고 승리할 수 있는 능력이 됩니다.

> 내가 너희에게 뱀과 전갈을 밟으며 원수의 모든 능력을 제어할 권능을 주었으니 너희를 해칠 자가 결코 없으리라(눅 10:19)

그러므로 지혜로운 성도는 이와 같은 하나님의 공의를 따르는 엄격한 법질서를 제대로 깨달음으로써 사탄에 대해 전혀 두려워하지 않습니다. 합법적 권세가 불법적 권세를 이기기 때문입니다. 사랑하는 여러분, 우리에게 주어진 예수 그리스도의 합법적 권세를 더욱 많이 주장할 수 있기를 소망합니다. 이제 확신을 가지고 예수 그리스도의 이름의 권세를 여러분의 내면과 삶의 모든 영역에서 두려움 없이 적용하여 승리를 취합시다.

천국의 능력을 여는 열쇠, '회개'

성도들에게 위임된 예수 그리스도의 권세는 그저 우리가 잘 먹고 잘 살기 위한 용도로만 쓰이는 것이 아닙니다. 창세기 1장 28절에서 죄로 인해 타락하기 전의 인간에게 주신 사명, 즉 세상 만물을 하나님의 뜻대로 다스리고 하나님 나라를 이룩하기 위하여 사용해야 합니다. 이 세상의 모든 문제의 근본적인 해결은 세상의 나라들이 하나님의 통치에 완전히 순종할 때 가능해집니다. 그러므로 성도의 삶과 기도는 언제나 하나님의 뜻을 받들고 추구하는 데 초점을 맞추어야 합니다. 그때 비로소 우리가 필요로 하는 다른 모든 것들이 덤으로 주어지는 것입니다.

그런즉 너희는 먼저 그의 나라와 그의 의를 구하라 그
리하면 이 모든 것을 너희에게 더하시리라(마 6:33)

거듭 강조하지만 개인과 가정과 교회와 나라의 모든 문제를 근
본적으로 해결하는 길은 만왕의 왕이신 예수 그리스도의 통치를
받는 데 있습니다. 어떤 이들은 "어차피 모든 종교는 통하는 것이
있기 때문에 어떤 신이든 열심히 믿으면 천국에 갈 수 있다"고 말
하기도 합니다. 그러나 예수 그리스도가 다스리지 않는 나라는 하
나님 나라가 아닙니다. 다른 천국은 없습니다. 예수 그리스도의
통치가 온전히 실현되는 하나님 나라만이 천국인 것입니다. 베드
로전서 2장 9절에서 사도 베드로는 하나님의 자녀 된 우리의 신분
을 이렇게 설명하고 있습니다.

그러나 너희는 택하신 족속이요 왕 같은 제사장들이요
거룩한 나라요 그의 소유가 된 백성이니 이는 너희를
어두운 데서 불러내어 그의 기이한 빛에 들어가게 하신
이의 아름다운 덕을 선포하게 하려 하심이라(벧전 2:9)

성도의 신분은 '거룩한 나라'입니다. 하나님께서는 우리 한 사
람 한 사람이 나라라고 말씀하셨습니다. 성도는 예수 그리스도를
믿음으로 의롭다 여기심을 받은 거룩한 나라입니다. 우리 자신이
천국이라는 말입니다. 그런데 사실 우리의 믿음의 현주소를 바라

보면 그리 거룩한 삶을 살지도, 천국의 풍성한 능력을 누리지도 못할 때가 많습니다. 우리가 이토록 죄 많고 문제 많은 세상에서 천국의 능력과 기쁨을 누리며 살아갈 수 있는 방법은 어떤 것이 있을까요? 주님께서는 이 땅에 오셔서 분명하게 말씀하셨습니다.

회개하라 천국이 가까이 왔느니라(마 4:17)

천국의 능력은 우리가 자신의 죄성에 대해 간절히 회개하고, 자신의 한계를 깊이 깨달아 더욱 하나님의 은혜를 구할 때 구체적이고 실제적으로 임합니다. 그러므로 참된 회개는 우리 자신과 이 세상의 모든 문제를 풀 수 있는 근본적인 출발점입니다.

적그리스도를 깨뜨리시는
그리스도의 철장 권세

이제 만왕의 왕이신 예수 그리스도의 통치권에 대해서 좀 더 구체적으로 살펴보려고 합니다. 앞에서 다루었듯이 본문 9절에 나오는 철장은 단순히 적을 공격할 때 쓰는 무기가 아닌 그리스도의 강력한 통치권을 상징하는 지휘봉, 즉 왕의 홀(笏)입니다. 그리스도께서 자신의 통치를 대적하는 자들을 단순히 물리적인 힘으로 깨뜨리시는 것이 아니라 하나님의 권세와 능력으로 심판하심으로써 왕이신 하나님의 통치를 온전하게 실현하신다는 의미입니다.

요한계시록은 이와 같은 철장 권세에 대해 집중적으로 소개하고 있습니다.

> 그가 철장을 가지고 그들을 다스려 질그릇 깨뜨리는 것
> 과 같이 하리라 나도 내 아버지께 받은 것이 그러하니
> 라(계 2:27)

이 말씀은 두아디라 교회에서 거짓 선지자들의 믿음을 이기고 굳세게 믿음을 지켜 승리한 성도들에게 주신 약속의 말씀입니다. 주님께서 믿음으로 승리한 두아디라 성도들과 이후에 예수 그리스도를 믿고 승리하는 성도들에게 만왕의 왕의 통치권, 즉 철장 권세를 주신다는 의미입니다. 분명한 것은 우리에게 예수 그리스도의 하늘과 땅의 합법적 권세가 위임되어 있지만, 이 철장 권세의 능력을 맛보고 체험하는 기쁨은 굳센 믿음으로 승리하는 성도들에게만 주어진다는 사실입니다. 그러므로 우리는 하나님의 약속을 굳게 믿음으로써 날마다 영적 싸움에서 승리해야 합니다.

> 여자가 아들을 낳으니 이는 장차 철장으로 만국을 다스
> 릴 남자라 그 아이를 하나님 앞과 그 보좌 앞으로 올려
> 가더라(계 12:5)

그의 입에서 예리한 검이 나오니 그것으로 만국을 치
겠고 친히 그들을 철장으로 다스리며 또 친히 하나님
곧 전능하신 이의 맹렬한 진노의 포도주 틀을 밟겠고
(계 19:15)

성경은 예수 그리스도께서 자신의 통치를 대적하는 적그리스도
의 세력들을 철장으로 쳐서 다스리시고 심판하실 것이라고 증거
합니다. 인류의 역사 속에서 적그리스도의 세력들을 깨뜨리시는
예수 그리스도의 철장 권세는 다양한 모습으로 등장하고 있습니
다. 삼손이 나귀의 턱뼈로 블레셋 사람 천 명을 죽인 이야기는 왕
의 통치권을 보여줍니다(삿 15:15-16). 나귀의 턱뼈는 한낱 동물
의 뼈에 불과했지만 여기에 전능하신 하나님의 능력이 임하자 천
명의 사람들이 질그릇처럼 부서졌습니다. 바로 메시아의 강력한
철장 권세가 나타났던 것입니다.

다니엘서 2장에는 대제국 바벨론의 왕 느부갓네살의 꿈 이야기
가 나옵니다. 그것은 갑자기 사람이 손으로 다듬지 않은 돌이 나
와서 큰 신상을 깨버리는 꿈이었습니다. 여기에 나오는 금 신상은
바벨론이 멸망한 이후 세계를 다스리는 대제국을 의미합니다. 다
니엘은 모든 나라의 흥망성쇠가 하나님의 주권 아래 있다고 고백
했습니다. 또 이사야서 37장 36절에서는 히스기야 왕과 백성들이
간절하게 기도했을 때 놀라운 일이 일어났습니다. 하나님을 모독
하던 앗시리아 제국의 막강한 군대가 하나님께서 보내신 천사를

통하여 진멸된 것입니다. 하룻밤 사이에 무려 18만 5천 명의 군사들이 죽었습니다. 하나님께서 그들을 마치 질그릇을 깨뜨리듯이 심판하신 것입니다. 또 사도행전 12장을 보면 초대교회를 핍박하며 신처럼 군림하려고 했던 헤롯 왕을 하나님의 천사가 치자 그는 벌레에게 먹혀서 허망하게 죽게 됩니다. 이와 같은 모든 일들은 하나님을 대적하는 세력들에게 일어난 왕의 철장 권세입니다.

우리가 분명히 알아야 할 사실은 적그리스도의 세력은 오래 전에 번성했다가 끝나버린 과거의 존재가 아니라는 사실입니다. 반대로 과거나 현재에는 적그리스도의 영이 활동하지 않다가 말세에 불쑥 등장한다는 것도 잘못된 견해입니다. 적그리스도의 영, 즉 사탄의 세력은 인간이 타락한 이후부터 쉬지 않고 끊임없이 역사해왔다는 것을 기억해야 합니다. 로마서 8장에서 언급하듯이 보혜사 성령은 예수 그리스도의 영입니다. 다시 말해서 온 세상과 인류를 구원하시는 하나님의 영은 예수 그리스도의 영입니다. 그러므로 보혜사 성령의 능력이 나타나는 모든 현장과 역사에는 적그리스도의 영이 늘 함께 나타나는 것입니다.

물론 역사의 종말적 심판의 때에 등장하는 적그리스도는 앞선 역사에서 등장했던 수많은 적그리스도와는 비교조차 할 수 없습니다. 그들은 전세계적인 규모로 수많은 사람들을 미혹하고 자신이 그리스도이므로 자신에게 경배하라고 강요할 것입니다. 그러므로 우리는 우리 자신이 적그리스도의 영과 늘 싸움을 벌이고 있다는 것을 잠시도 잊어는 안 되며 깨어서 대비하고 승리해야 합니다. 그리스도의 철장 권세는 현재에도, 미래에도 다양한 모습으로 나타나게 될 것입니다. 우리는 나귀의 턱뼈로 블레셋 사람 천 명을 죽인 삼손처럼 강력한 하나님의 철장 권세로 승리하게 될 것입니다.

그리스도의 통치권을 대하는 자세

이 세상의 모든 사람들의 영원한 운명은 그가 예수 그리스도의 통치에 대해 어떤 태도를 보이느냐에 따라 결정됩니다. 영원한 축복과 승리의 길은 예수 그리스도와 화목함으로 그분의 다스림을 받는 데 있다는 사실을 가슴 깊이 새겨넣을 수 있기를 소망합니다. 우리 자신의 타락하고 부패한 본성을 따라 판단하지 않고 하나님의 말씀에 순종할 수 있기를 축원합니다.

고린도후서 10장 3-5절에는 그리스도의 철장 권세의 역사를 이렇게 설명하고 있습니다.

> 우리가 육신으로 행하나 육신에 따라 싸우지 아니하노니 우리의 싸우는 무기는 육신에 속한 것이 아니요 오직 어떤 견고한 진도 무너뜨리는 하나님의 능력이라 모든 이론을 무너뜨리며 하나님 아는 것을 대적하여 높아

진 것을 다 무너뜨리고 모든 생각을 사로잡아 그리스도에게 복종하게 하니(고후 10:3-5)

이 말씀은 그리스도의 철장 권세의 통치가 하나님을 대적하고 멸시하는 모든 사상과 하나님께 불순종하는 모든 생각을 사로잡아 그리스도에게 복종하게 한다는 의미입니다.

오늘날 한반도는 어느 때보다 생각과 이념의 대립이 깊은 시대입니다. 정신과 정신의 싸움이 치열합니다. 그런데 성경은 이와 같은 사람의 정신이 단순히 지식과 정보를 습득한다고 해서 형성되는 것이 아니라 여기에 영향력을 미치는 영적 배후가 있다고 말씀합니다. 사탄은 가룟 유다에게 예수님을 팔 생각을 집어넣었습니다. 정신(精神)이라는 단어는 물질적인 것과 비물질적인 것이 연합하여 작동된다는 의미를 가지고 있습니다. 즉 육체의 본체인 정(精)이 어떤 신(神)과 연합하여 다스림을 받느냐에 따라서 세상은 완전히 달라집니다. 우리는 종종 위기에 처한 누군가에게 걱정스러운 마음으로 "정신 차려!"라고 말합니다. 호랑이에게 물려 가도 정신만 차리면 살 수 있기 때문입니다.

치열한 정신의 싸움과 이념의 대립이 깊어지고 있는 이 시대에 성도들은 더욱 정신을 차려야 합니다. 도적질하고 멸망시키려는 귀신과 연합하는 것이 아니라 예수 그리스도의 영으로 충만해짐으로 하나님께서 예비하신 천국의 축복을 누려야 합니다. 결국 이념 대립보다 더욱 근본적인 싸움은 바로 신(神)의 싸움, 즉 영적 싸움입니다.

예수님께서는 베드로와 모든 성도들에게 하늘 문을 열고 닫는 천국 열쇠, 바로 기도의 권세를 주셨습니다.

> 내가 천국 열쇠를 네게 주리니 네가 땅에서 무엇이든지
> 매면 하늘에서도 매일 것이요 네가 땅에서 무엇이든지
> 풀면 하늘에서도 풀리리라 하시고(마 16:19)

우리는 기도의 권세를 좀 더 적극적으로 사용해야 합니다. 만왕의 왕이신 하나님의 통치권의 열쇠인 기도로 아버지의 뜻을 구해야 합니다. 이를 통해 하나님의 통치를 거부하는 이 세상의 모든 영역에서 그리스도의 철장 권세가 나타나도록 해야 합니다. 하나님의 나라와 하나님의 뜻을 구하는 삶을 온전히 살아감으로써 날마다 우리의 삶에 만왕의 왕의 홀, 예수 그리스도의 철장 권세가 나타나기를 축원합니다.

11 열두
물맷돌

천국 소망

또 내가 새 하늘과 새 땅을 보니 처음 하늘과 처음 땅이 없어졌고 바다도 다시 있지 않더라 또 내가 보매 거룩한 성 새 예루살렘이 하나님께로부터 하늘에서 내려오니 그 준비한 것이 신부가 남편을 위하여 단장한 것 같더라 내가 들으니 보좌에서 큰 음성이 나서 이르되 보라 하나님의 장막이 사람들과 함께 있으매 하나님이 그들과 함께 계시리니 그들은 하나님의 백성이 되고 하나님은 친히 그들과 함께 계셔서 모든 눈물을 그 눈에서 닦아 주시니 다시는 사망이 없고 애통하는 것이나 곡하는 것이나 아픈 것이 다시 있지 아니하리니 처음 것들이 다 지나갔음이러라 보좌에 앉으신 이가 이르시되 보라 내가 만물을 새롭게 하노라 하시고 또 이르시되 이 말은 신실하고 참되니 기록하라 하시고 또 내게 말씀하시되 이루었도다 나는 알파와 오메가요 처음과 마지막이라 내가 생명수 샘물을 목마른 자에게 값없이 주리니 이기는 자는 이것들을 상속으로 받으리라 나는 그의 하나님이 되고 그는 내 아들이 되리라 그러나 두려워하는 자들과 믿지 아니하는 자들과 흉악한 자들과 살인자들과 음행하는 자들과 점술가들과 우상 숭배자들과 거짓말하는 모든 자들은 불과 유황으로 타는 못에 던져지리니 이것이 둘째 사망이라

해 아래에는
새것이 없나니

지혜자 솔로몬은 전도서 1장 9절에서 이렇게 말했습니다.

> 이미 있던 것이 후에 다시 있겠고 이미 한 일을 후에 다시 할지라 해 아래에는 새것이 없나니(전 1:9)

죄로 오염된 이 세상에는 새것이 없습니다. 그런데도 많은 사람들은 삶이 너무 피곤하고 힘들고 지루한 나머지 새 차, 새 집, 새 옷, 새 직장, 새 정부, 새 이념 등 끝없이 새로운 것을 찾고 있습니다. 게다가 요즘은 삶의 문제가 복잡하고 어려워져서인지 부쩍 '새 시대(New Age)', '새로운 세계질서(New World Order)'와 같은 말도 자주 들려옵니다. 하지만 너무 기대하지 않는 편이 좋을 것입니다. 창조주 하나님께서는 분명 해 아래에는 새것이 없다고 선언하셨습니다. 그렇다면 진정한 새것은 과연 어디에 있을까요? 사도 바울은 우리에게 이 질문에 대한 분명한 해답을 주었습니다.

> 그런즉 누구든지 그리스도 안에 있으면 새로운 피조
> 물이라 이전 것은 지나갔으니 보라 새것이 되었도다
> (고후 5:17)

참된 새로움은 바로 예수 그리스도 안에 있을 때 주어지는 선물입니다. 요한계시록 21장 1-8절 본문 역시 새로운 것에 관해 다루고 있습니다. 바로 새 하늘과 새 땅, 그리고 새 예루살렘 성입니다. 요한계시록이 기록된 당시의 시대적 배경은 초대 교회 성도들이 로마 황제에 의해 핍박하던 때입니다. 로마 황제는 자신의 권력을 절대화하기 위하여 오직 자신만을 하나님으로 숭배하라고 강요했습니다. 그는 자신에게 불복종하는 성도들을 콜로세움 경기장에서 맹수의 밥이 되게 하거나 온몸에 기름을 붓고 불을 붙여 밤거리를 밝히는 가로등이 되게 했습니다. 당시 많은 성도들은 무섭고 두려워서 신앙을 포기하거나 그렇지 않으면 예수님도 믿고 동시에 로마 황제도 하나님처럼 받들면서 현실과 타협했습니다. 그러나 이것도 믿고 저것도 믿는 것은 참 믿음이 아닙니다. 아내가 남편에게 "나는 당신을 사랑하지만, 저 남자도 내 남편이에요"

라고 말한다면 그것을 진정한 사랑이라고 말할 수 있을까요? 기껏해야 가증한 속임수에 불과할 뿐입니다.

요한계시록은 이처럼 암울한 시대에 사도 요한이 하나님의 계시를 받아 기록한 말씀입니다. 성경의 결론 중의 결론에 해당하는 본문 1-2절은 다음과 같습니다.

> 또 내가 새 하늘과 새 땅을 보니 처음 하늘과 처음 땅이 없어졌고 바다도 다시 있지 않더라 또 내가 보매 거룩한 성 새 예루살렘이 하나님께로부터 하늘에서 내려오니 그 준비한 것이 신부가 남편을 위하여 단장한 것 같더라(계 21:1-2)

사도 요한은 불 시험 가운데 있는 성도들에게 두렵고 힘든 이 세상의 현실 너머에 있는 새 하늘과 새 땅, 새 예루살렘을 믿음의 눈으로 바라보라고 권면했습니다. 여러분 중에는 고통스러운 현실로 인해 죽고 싶을 만큼 힘든 시간을 통과하고 있는 사람이 있을 것입니다. 믿음은 어떤 상황 속에서도 하나님을 바라보는 것입니다. 성도의 절대적 소망은 여기에 있습니다. 우리가 영원히 거하게 될 새 하늘과 새 땅, 새 예루살렘 성을 믿음으로 바라볼 수 있기를 소망합니다.

한 세대는 가고
한 세대는 오되

새 하늘과 새 땅이 나타나기 위해서 선행되어야 할 일이 있습니다.

> 또 내가 새 하늘과 새 땅을 보니 처음 하늘과 처음 땅이
> 없어졌고 바다도 다시 있지 않더라(계 21:1)

새 하늘과 새 땅이 나타나려면 죄로 가득했던 처음의 하늘과 땅과 바다가 없어져야 합니다. 하나님께서 다스리시는 새로운 세상이 나타나기 위해서는 이전의 낡고 죄 많은 세상의 체제가 없어져야 합니다. 문제의 뿌리를 제거하고 심판하는 일이 필수이기 때문입니다. 죄악에 대한 완전한 심판이 선행되어야만 비로소 완전하고도 영원한 천국이 임하게 됩니다.

이때 우리는 "새 하늘과 새 땅이 나타나기 위해 처음의 하늘과 땅은 불로 완전히 소멸되고 사라진다는 말인가?"와 같은 의문을 가질 수 있습니다. 여기에 관해서는 많은 신학적 논쟁이 있지만 단순하게 정리해 보려고 합니다. 새 하늘과 새 땅은 처음 하늘과 처음 땅에 연속적으로 이어지는 부분이 있습니다. 반대로 이 둘은 사이에는 단절되는 부분이 있습니다. 무엇보다 하나님을 대적하고 무시했던 영역들은 모조리 불로 소멸될 것입니다. 그러나 이 땅에서 하나님 나라와 뜻을 위하여 이룬 모든 것들은 신령한

능력으로 변화되어 새롭게 이어질 것입니다. 이것은 우리의 죄인된 몸이 죽고 난 후에는 새로운 부활의 몸을 입고 영화로운 존재가 되는 모습과 같습니다. 부활의 몸은 부활 이전의 몸과 전혀 다른 존재가 아닙니다. 부활의 몸은 죄악과 저주의 요소는 제거되었지만, 이전에 하나님을 사랑하고 순종했던 요소들은 그대로 이어져 영광스럽게 변화된 존재입니다.

그러므로 새 하늘과 새 땅은 지금 우리가 보고 있는 처음 하늘과 처음 땅의 모습을 지니면서도 완전히 차원이 다른 영광스러운 모습으로 드러나게 될 것입니다.

> 한 세대는 가고 한 세대는 오되 땅은 영원히 있도다
>
> (전 1:4)

여기에서 기억해야 할 점은 천국은 하늘이 있고, 땅이 있고, 도성이 있으며, 영혼과 육체가 활발하고 왕성하게 살아가는 나라라는 것입니다. 천국은 허깨비 같은 세상이 아니라 실체를 가진 나라입니다.

한편 요한계시록 20장에는 새 하늘과 새 땅의 도래를 위해 죄의 뿌리를 영원히 완전하게 제거하는 심판에 관한 기록이 있습니다.

> 또 그들을 미혹하는 마귀가 불과 유황 못에 던져지니
>
> 거기는 그 짐승과 거짓 선지자도 있어 세세토록 밤낮

괴로움을 받으리라(계 20:10)

누구든지 생명책에 기록되지 못한 자는 불못에 던져지
리라(계 20:15)

마귀와 그의 하수인 노릇을 하는 짐승과 거짓 선지자가 불과 유
황 못에 던져져 세세토록 괴로움을 당하게 되며, 마귀를 추종함으
로 하나님의 생명책에 기록되지 못한 사람들은 불 못에 던져집니
다. 불과 유황 못은 지옥입니다. 지옥은 죄의 원천에 대한 완전하
고 영원한 격리의 장소입니다. 또 악행에 대해 보응을 받는 형벌
의 장소입니다. 지옥은 결코 탈출할 수 없는 영원한 감옥입니다.

새 예루살렘 성,
'천국'

사도 요한은 새 하늘과 새 땅을
보고 난 후 이어서 하늘에서 내려오는 거룩한 성, 새 예루살렘을
보았습니다. 그는 그 모습이 마치 신부가 남편을 위하여 단장한
것과 같았다고 말했습니다. 수많은 전쟁과 고통으로 얼룩졌던 옛
예루살렘이 사라지고 눈부시게 아름다운 새 예루살렘 성이 임하
는 모습을 본 것입니다. 이와 같은 새로운 창조는 만왕의 왕이신
창조주 하나님의 명령대로 이루어졌습니다.

> 보좌에 앉으신 이가 이르시되 보라 내가 만물을 새롭게
> 하노라 하시고(계 21:5)

여기에서 '새롭다'는 단어는 헬라어 원어 '카이노스(Kainos)'로 질적으로 완전히 새로워진다는 의미입니다. 이는 하나님의 뜻에 저항하거나 제한하는 죄의 불순물이 완전히 제거되어 완벽하게 하나님의 통치에 순응하는 하늘과 땅으로 재창조된다는 말입니다.

> 또 내게 말씀하시되 이루었도다 나는 알파와 오메가요
> 처음과 마지막이라(계 21:6)

알파와 오메가는 헬라어 알파벳의 첫 글자 알파(A)와 마지막 글자 오메가(Ω)입니다. 이는 하나님께서 창조의 시작과 마지막이 되신다는 뜻입니다. 다시 말하면 하나님께서 최초에 완전하게 창조하셨던 세상을 결코 포기하지 아니하시고 끝까지 책임지시고 완성하신다는 의미입니다.

본문 4절은 천국이 어떤 곳인지에 대해서 잘 설명해 주는 말씀입니다.

> 모든 눈물을 그 눈에서 닦아 주시니 다시는 사망이 없고
> 애통하는 것이나 곡하는 것이나 아픈 것이 다시 있지 아니

하리니 처음 것들이 다 지나갔음 이러라(계 21:4)

완전하게 창조된 처음의 모습으로 회복된 천국은 사망도, 질병도, 슬피 울며 통곡하는 일도 없는 나라입니다. 그런데 천국의 핵심은 아프지도 죽지도 않고 어떠한 걱정도 없이 잘 먹고 잘 사는데 있는 것이 아닙니다. 천국의 핵심은 예수 그리스도입니다. 오직 예수 그리스도의 나라만이 우리의 천국입니다. 예수 그리스도의 나라에 들어가는 것이 구원입니다. 예수 그리스도가 없는 천국이 있다면 그곳은 더 이상 천국이 아닌 것입니다. 성도가 누리는 최고의 상급은 예수 그리스도를 생명 다해 사랑할 때 누리게 되는 충만한 행복입니다. 천국은 예수 그리스도를 향한 사랑이 날마다 깊어지는 곳입니다.

천국의 행복을 유업으로 받을 자

본문 6절 후반부에서 8절은 천국의 행복을 유업으로 받아 누릴 자와 영원한 심판에 들어갈 자가 누구인지에 대해 분명하게 증거하고 있습니다. 천국의 영생복락의 유업은 목마른 자에게 주어집니다(계 21:6). 목마른 자는 간절히 사모하는 자입니다. 여러분에게는 목마른 사슴이 시냇물을 찾아 헤매듯이 간절히 사모하는 대상이 있습니까? 성도들이 다른 어떤 것들보다 우선적으로 갈망해야 할 대상은 천국입니다. 천국을 향한 간절한 목마름이 있는 자가 마침내 천국의 행복을 누리게 될 것입니다.

또한 천국은 이기는 자에게 주어집니다(계 21:7). '이기는 자'는 세상에서 수많은 유혹과 핍박과 고난을 만나더라도 결코 변질되거나 약해지지 않는 굳센 믿음을 소유한 사람입니다. 주님께서 다시 오실 때가 가까워질수록 교묘하고 달콤한 속임수와 미혹과 핍박과 고난이 늘어날 것입니다. 분명 로마의 황제가 핍박하던 때처럼 예수도 믿고 로마 황제도 하나님으로 믿으라는 식의 유혹이 다가올 것입니다. 만약 어마어마한 권위와 힘을 행사할 수 있는 존재가 여러분에게 예수도 믿고 다른 신들도 함께 믿으라고, 그러면 아무런 불이익도 당하지 않게 해 주고 여러분의 생명도 보장해 주겠다고 제안한다면 어떻게 하시겠습니까?

그런가 하면 천국에 들어가지 못하고 불과 유황으로 타는 못에 던져질 사람들도 있습니다(계 21:8). 여기에는 두려워하는 자들과 믿지 않는 자들도 포함되어 있습니다. '두려워하는 자들'은 예수 그리스도를 믿으면서도 믿음으로 인해 생기는 핍박과 환난을 두려워하는 성도들을 말합니다. 이들은 단지 자신의 평안과 안락을 위해서 예수를 믿는 종교인들에 불과합니다. 이들은 믿음으로 인하여 핍박이나 고난을 만나면 두려워서 쉽게 타협하거나 신앙을 버리는 사람들입니다. 물론 고난과 핍박이 두려울 수 있습니다. 그러나 마지막 때에는 하나님을 생명 다해 사랑함으로 두려움을 이긴 성도만이 천국의 상속자가 될 수 있다는 것을 기억해야 합니다.

또 '믿지 않는 자들'도 천국에 들어갈 수 없습니다. '믿지 않는 자들'은 예수 그리스도를 영접하지 않은 불신자들뿐만 아니라 믿는다고 하면서 실상은 믿지 않는 성도들도 해당됩니다. 이들은 예수 그리스도를 구원자로 믿는다고 고백하고 심지어 교회에 꼬박꼬박 출석하면서도 실제 삶으로는 하나님의 말씀을 순종하지 않는 자들입니다. 이들은 성도라고 불리지만 성도가 아닙니다. 사실상 죽은 믿음을 가진 자들입니다. 행함이 없는 죽은 믿음은 구원의 능력을 발휘할 수 없습니다.

본문 말씀은 천국의 아름답고 복된 모습을 소개한 뒤에 불과 유황으로 타는 못에 던져질 사람들을 묘사하며 마무리 짓고 있습니다. 독일의 실존주의 철학자 칼 야스퍼스(Karl Jaspers)는 하나님의 말씀을 맡은 목사의 임무에 대해 이렇게 말했습니다. "이 세상에서 사람들의 삶이 자칫 방심의 상태로 전락하게 될 때, 목사는 끊임없이 사람들로 하여금 영원한 것들을 새롭게 보게 해야 한다. 목사는 영원한 천국이 믿을 수 있는 것이 되도록 그것에 대해 담대하고도 분명하게 말해야만 한다."

언젠가 미국의 한 무신론 단체에서는 회원모집을 위한 광고에 다음과 같은 문구를 내걸었습니다. "안심하세요. 지옥은 없습니다. 천국도 없습니다. 여러분의 삶을 즐기세요."

여러분은 하나님께서 여러분을 위해 천국을 예비하고 계신다는 것을 확신하고 있습니까? 그렇다면 이 세상의 어떤 것보다 간절히 천국을 사모해야 합니다. 그리고 끝까지 견디는 굳센 믿음으로 승리하는 신앙생활을 할 수 있기를 축원합니다. 여러분 자신의 믿음을 점검해 보십시오. 여러분이 진정으로 천국을 확신하고 사모한다면 천국 복음을 전하십시오. 때를 얻든지 못 얻든지 부끄러워하지 말고 입술을 열어 담대하게 복음을 전하십시오. 슬프고 악하고 난잡한 소식들이 넘쳐나는 이 시대에 기쁘고 아름답고 정결한 천국 복음을 힘껏 외치십시오. 바로 그때 성령께서는 여러분의 삶에 놀라운 권능으로 함께하실 것입니다.

12 열두 물맷돌

지혜

요한계시록 21장 9-24절

또 내가 새 하늘과 새 땅을 보니 처음 하늘과 처음 땅이 없 어졌고 바다도 다시 있지 않더라 또 내가 보매 거룩한 성 새 예루살렘이 하나님께로부터 하늘에서 내려오니 그 준비 한 것이 신부가 남편을 위하여 단장한 것 같더라 가 들으니 보좌에서 큰 음성이 나서 이르되 보라 하나님의 장막이 사 람들과 함께 있으매 하나님이 그들과 함께 계시리니 그들은 하나님의 백성이 되고 하나님은 친히 그들과 함께 계셔서 모든 눈물을 그 눈에서 닦아 주시니 다시는 사망이 없고 애통하는 것이나 곡하는 것이나 아픈 것이 다시 있지 아니 하리니 처음 것들이 다 지나갔음이러라 보좌에 앉으신 이 가 이르시되 보라 내가 만물을 새롭게 하노라 하시고 또 이 르시되 이 말은 신실하고 참되니 기록하라 하시고 또 내게 말씀하시되 이루었도다 나는 알파와 오메가요 처음과 마지 막이라 내가 생명수 샘물을 목마른 자에게 값없이 주리니 이기는 자는 이것들을 상속으로 받으리라 나는 그의 하나 님이 되고 그는 내 아들이 되리라 그러나 두려워하는 자들 과 믿지 아니하는 자들과 흉악한 자들과 살인자들과 음행 하는 자들과 점술가들과 우상 숭배자들과 거짓말하는 모 든 자들은 불과 유황으로 타는 못에 던져지리니 이것이 둘 째 사망이라

하늘에서 내려오는
새 예루살렘

　　　　　　　성경을 잘 살펴보면 죄 많은 이
세상의 역사는 결국 이스라엘의 수도 예루살렘에서 끝이 납니다.
그리고 새 예루살렘에서 마침내 하나님께서 진정한 왕으로 통치
하시는 새로운 세상, 즉 하나님의 나라가 시작됩니다. 2017년 12
월 6일 미국의 트럼프 대통령은 예루살렘을 이스라엘의 수도로
공식 선언했습니다. 그러자 13억 인구의 중동의 이슬람 국가들
을 비롯해 유럽, 바티칸 교황청, 중국 등 전세계의 수많은 나라들
은 그의 선택이 세계 평화를 해치는 잘못된 선택이라며 맹비난했
습니다. 당시에는 금세라도 거대한 중동 전쟁이 일어날 듯한 위기
감이 맴돌았지만 실제로는 이스라엘을 대적했던 시리아의 분쟁을
제외하고는 비교적 조용했습니다. 미국 대통령의 예루살렘 수도

선언에 관해 국제 정세 전문가들은 여러 가지 의미로 해석했지만, 성경적 시각으로 바라볼 때 이것은 주님께서 오실 때가 더욱 가까워졌다는 신호라고 볼 수 있습니다.

이외에도 성경을 토대로 보면 다음 차례는 세계 역사의 격변기에 무너졌던 솔로몬 성전(제1성전)과 헤롯 성전(제2성전)의 터 위에서 제3성전인 예루살렘 성전이 세워지게 될 것입니다. 이미 이스라엘 당국은 제3성전이 세워질 때를 위한 만반의 준비를 해놓고 대기하고 있는 상황입니다. 그러나 예루살렘 성전이 세워지지 못하도록 격렬하게 반대할 세력도 있습니다. 바로 이슬람 국가들입니다. 또 이를 위해서 평화라는 미명하에 전세계의 수많은 종교를 하나로 통합하는 일들도 가속화될 것입니다. 물론 하나님께서는 위장된 평화와 악을 사용해서라도 예루살렘 성전을 완성시키실 것입니다.

성경의 마지막 결론을 다루고 있는 요한계시록 21-22장은 새 하늘과 새 땅에 이어 천국의 수도라고 할 수 있는 예루살렘 성전을 집중적으로 소개하면서 계시의 말씀을 마치고 있습니다.

> 성령으로 나를 데리고 크고 높은 산으로 올라가 하나님께로부터 하늘에서 내려오는 거룩한 성 예루살렘을 보이니(계 21:10)

전쟁과 긴장으로 얼룩진 예루살렘이 아니라 '하나님께로부터 하늘에서 내려오는 거룩한 성 예루살렘'이라고 표현한 부분이 매우 인상 깊습니다. 또 요한계시록 3장 12절은 예루살렘 성전을 "하나님의 성 곧 하늘에서 내 하나님께로부터 내려오는 새 예루살렘"이라고 표현하고 있습니다. 지금 이 세상에 존재하는 예루살렘은 '옛 예루살렘'이고 하늘에서 내려오는 예루살렘은 '새 예루살렘'인 것입니다.

어린 양의 아내, 새 예루살렘

20세기의 위대한 기독교 사상가 C.S. 루이스는 새 하늘과 새 땅과 새 예루살렘을 다루고 있는 요한계시록 21-22장을 단순한 해피엔딩이 아닌 진정한 하나님 나라, 영원한 새 세계의 제1장이라고 표현한 바 있습니다. 그의 말처럼 요한계시록 21-22장 이후에 펼쳐질 세상은 영원한 영생복락의 나라가 될 것입니다. 본문 9절에서는 천사 중 하나가 사도 요한에게 나아와서 새 예루살렘 성을 보여주면서 "이리 오라 내가 신부 곧 어린 양의 아내를 네게 보이리라"라고 말했습니다. 예루살렘 성을 가리켜 신부, 곧 어린 양의 아내라고 표현한 것입니다. 이처럼 거룩한 성 새 예루살렘은 신랑 되시는 예수 그리스도와 그의 신부가 된 성도들이 함께 거하는 가장 완전하고 영광스럽고 아름답고 집이요, 성전입니다.

구약 성경에서는 이스라엘 백성들을 '여호와 하나님의 신부'로, 신약 성경에서는 예수를 믿는 성도들을 '그리스도의 신부'로 묘사하고 있습니다. 모두 같은 표현이라고 할 수 있습니다. 또 요한계시록 19장 7절에는 어린 양의 혼인 기약이 이르렀고 그의 아내가 자신을 준비하였다는 표현이 나옵니다. 우리는 이와 같은 설명들을 통해 거룩한 성 새 예루살렘이 신랑이신 예수 그리스도와 그의 신부가 된 성도들이 함께 거하는 처소라는 것을 알 수 있습니다. 새 예루살렘 성은 죄의 요소들이 완전히 제거되었기 때문에 가장 순결하고 영광스럽고 아름다운 성전입니다.

> 또 내가보매 거룩한 성 새 예루살렘이 하나님께로부터 하늘에서 내려오니 그 준비한 것이 신부가 남편을 위하여 단장한 것 같더라(계 21:2)

새 예루살렘 성은 예수님과 그의 신부가 된 성도들이 영원토록 영생복락을 누릴 집으로, 완전하신 하나님께서 친히 만드신 작품입니다. 그 영광과 아름다움은 마치 신부가 남편을 위해 순결하고 아름답게 자신을 단장하고 준비하고 있는 모습과 닮았을 것입니다.

새 예루살렘 성의 빛은 지극히 귀한 보석 같고 벽옥과 수정 같이 맑습니다(계 21:11). 이 성에는 눈부신 하나님의 영광이 비치고 어린 양 예수 그리스도께서 영원한 등불이 되시기 때문입니다. 성으로 출입하는 열두 개의 문에는 열두 천사가 문지기로 서 있고 그 문들 위에는 이스라엘 자손 열두 지파의 이름들이 적혀 있습니다(계 21:12). 열두 개의 문은 동서남북으로 각각 세 개씩 있습니다(계 21:13). 이것은 누구든지 예수 그리스도를 믿고 하나님의 말씀에 순종하는 사람들은 모두 들어갈 수 있다는 의미입니다. 그러나 열두 개의 문 앞을 열두 천사가 지키고 있기 때문에 결코 아무나 문으로 들어갈 수는 없습니다. 성의 성곽에 있는 열두 기초석에는 열두 사도의 이름이 기록되어 있습니다(계 21:14). 이는 열두 사도들이 증거한 천국 복음의 말씀 위에 이 도성이 세워졌다는 뜻입니다.

한편 본문 15-21절은 가장 지혜로운 건축자이신 주님께서 거룩한 성 새 예루살렘을 어떤 재료를 사용해서 어떤 크기로 지으셨는지 설명하고 있습니다. 새 예루살렘은 벽이 144규빗에, 네모반듯한 정육면체 모양으로 하나님의 뜻대로 완벽하게 설계되어 만들어졌습니다(계 21:16-17). 또 건축 자재는 이 땅에서 많은 사람들이 가지고 싶어 하는 진귀한 보석들입니다. 그뿐 아니라 수정같이 맑은 생명수는 하나님과 어린 양의 보좌로부터 나와서 새 예루살렘 성을 관통하여 흐릅니다(계 22:1-2). 이 물은 영생을 주는 영생수입니다. 새 예루살렘은 생명수가 흐르는 거룩한 도성에서 어린 양 예수 그리스도의 얼굴을 대면하면서 주님과 함께 영원토록 왕 노릇하는 곳입니다(계 22:4-5).

최후의 운명을 가르는 지혜

사랑하는 여러분, 새 예루살렘 성은 결코 종교적 판타지가 아닙니다. 그곳은 장차 우리가 누리게 될 구체적인 실체이자 천국의 수도입니다. 우리는 새 예루살렘 성에서 주님과 함께 우주 만물을 다스리며 충만한 기쁨과 감격을 누리게 될 것입니다. 그렇다면 요한계시록 18장에서 새 예루살렘 성과 대비되는, 심판을 받아 멸망당하는 크고 견고한 성은 많고 많은 이름 중에 왜 하필 바벨론이 되었을까요? 그것은 그 세력들의 정신과 체제가 고대도시 바벨론에 뿌리를 두기 때문입니다. 바벨론 성은 노아의 홍수 심판 이후 노아의 세 아들 중 함의 후손인 니므롯이 세운 도성입니다. 즉 세상의 첫 용사요, 용감한 사냥꾼으로 알려진 고대의 영웅이 건설한 도성입니다. 전설적인 영웅 니므롯은 바벨론 성을 건설한 뒤 욕심에 눈이 멀어 바벨탑을 세웠습니다. 그리고는 하나님을 대적하는 거대한 바벨론 연합 제국을 세우려고 했습니다. 결국 하나님께서는 그들의 언어를 혼잡하게 하셔서 그들의 악한 계획을 흩어버리시고 무너뜨리셨습니다.

인류의 역사를 깊이 들여다보면 하나님을 대적했던 고대 바벨론 제국의 영향력은, 수천 년의 역사 속에서 전세계로 흩어져 영적 세계를 비롯해 문화, 정치 · 경제 등 여러 분야에서 다양한 모습으로 나타났다는 것을 알 수 있습니다. 특히 이 세상의 무수한 종교들은 고대 바벨론에서 신으로 섬겼던 함의 자손 니므롯과 그의 아내 세라미시스와 아들 담무스를 숭배하는 바벨론 종교에 뿌리를 두고 있습니다. 이러한 고대 바벨론은 역사 속에서 다시 새로운 바벨론으로 구체적 실체를 드러내며 앗시리아를 무너뜨렸고, 예수 그리스도께서 오실 다윗의 왕가가 속해 있는 남유다를 멸망시켰습니다. 바벨론의 목표는 언제나 그랬듯이 하나님의 나라를 대적하는 것이었습니다. 그들은 세계 역사의 수많은 격변을 거쳐 세상 역사의 끝에서 다시금 하나님을 대적하기 위해 안간힘을 쓸 것입니다. 그들은 고대 바벨론 성의 영성과 정치·경제 시스템을 추구하는 거대한 세력으로 등장하게 될 것입니다. 그래서 전세계적인 갈등과 전쟁과 위기를 극복하겠다는 명목으로 종교통합과 세계통합 운동을 활발하게 진행시킬 것입니다. 이처럼 절체절명의 위기 속에서 성도들은 정신을 바짝 차려야 할 것입니다.

여러분은 과연 어떤 나라, 어떤 체제, 어떤 신앙을 선택할 것입니까? 하나님의 자녀인 성도들은 예수 그리스도께서 오실 길을 예비하며 아버지의 뜻대로 행하는 편에 줄을 서야 할 것입니다. 현명한 선택을 위해서는 지혜가 필요합니다. 그리고 여러분의 선택은 최후의 운명을 판가름하는 절대적 기준이 될 것입니다. 지혜로운 선택을 위해서라도 보혜사 성령님께서 하나님을 아는 지혜를 날마다 더해 주시기를 기도해야 합니다.

새 예루살렘에 대한 확신

모든 사람들은 본능적으로 낙원을 갈망합니다. 원죄로 인하여 낙원을 잃어버렸기 때문입니다. 유토피아(Utopia)는 이상적인 사회라는 의미로 널리 알려진 단어로, 영국의 사상가 토머스 모어(Thomas More)가 이상적인 국가를 꿈꾸며 쓴 책의 제목이기도 합니다. 그런데 유토피아는 그리스어로 'ou(없다)'와 'toppos(장소)'를 조합한 단어로 '어디에도 없는 장소'라는 뜻입니다. 한마디로 천국은 이 세상에 없다는 의미입니다. 정말 그렇습니다. 죄 많고 문제 많은 이 세상에서 천국을 기대하는 것은 불가능에 가깝습니다. 물론 우리는 세상을 더 아름답게 바꾸기 위해 열심을 내야 합니다. 그러나 반드시 한계에 부딪히고 맙니다. 하나님이 없이는 유토피아를 건설할 수 없습니다. 만약 하나님 없이 자신의 절대적인 신념만으로 이 세상에 유토피아를 건설하겠다는 사람이 있다면 우리는 그 사람을 경계해야 할 것입니다. 그를 통해 지옥과 비슷한 나라가 세워질 것이 명명백백하기 때문입니다.

우리가 믿음의 종착역인 새 예루살렘 성에서 주님과 함께 영생복락을 누리며 왕 노릇하는 삶을 확신한다면, 비록 이 땅에서는 잠시 힘들고 어렵고 아프고 슬프더라도 우리는 참으로 기뻐할 수 있습니다. 새 예루살렘에 대한 소망은 우리가 범사에 감사하며 기도해야 할 이유가 되어주기 때문입니다. 최악의 상황이 닥쳐도 우리는 새 예루살렘 성으로 나아갈 것이기 때문입니다. 새 예루살렘의 소망을 확신한다면 우리는 무엇보다 천국 복음을 전파하는 일에 매진해야 할 것입니다. 이방인의 사도였던 바울은 천국 복음을 위하여 생명을 다해 헌신했습니다. AD 68년, 63세였던 그는 자신의 순교를 예감하면서 사랑하는 믿음의 아들이요, 후계자였던 디모데에게 엄중하게 명령했습니다.

> 하나님 앞과 살아 있는 자와 죽은 자를 심판하실 그리스도 예수 앞에서 그가 나타나실 것과 그의 나라를 두고 엄히 명하노니 너는 말씀을 전파하라 때를 얻든지 못 얻든지 항상 힘쓰라 범사에 오래 참음과 가르침으로 경책하며 경계하며 권하라(딤후 4:1-2)

우리는 새 예루살렘 성에서 주님과 함께 영생복락을 누리며 왕노릇하기 위해 삶의 마지막 순간까지 지혜를 잃지 말아야 합니다. 지혜로운 자만이 천국의 기쁨을 쟁취할 수 있습니다. 최후의 운명을 가르는 절대적 기준, 바로 예수 그리스도를 끝까지 신뢰하고 따르는 삶을 살아가기 위해서 매순간 성령님께 지혜를 구할 수 있기를 축원합니다.

열두 물맷돌

2020년 12월 14일 1쇄 발행

지 은 이 │ 박진석
책임편집 │ 김수홍
편집위원 │ 강혜은 김춘옥 김영애
디 자 인 │ 이수정
펴 낸 곳 │ 도서출판 하영인
등   록 │ 제504-2019-000001호
주   소 │ 포항시 북구 삼흥로411
전   화 │ 054) 270-1018
홈페이지 │ https://blog.naver.com/navhayoungin
인스타그램 │ https://www.instagram.com/hayoungin7
이 메 일 │ hayoungin814@gmail.com

ISBN 979-11-971556-5-9(03230)

※ 낙장·파본은 교환해 드립니다.
이 도서의 국립중앙도서관 출판시 도서목록(CIP)은 서지정보유통지원시스템 홈페이지
(http://seoji.nl.go.kr)와 국가자료공동목록시스템(http://www.nl.go.kr/kolisnet)에서 이용
하실 수 있습니다.